Indiferença de Deus

e o Mundo dos Humanos Segundo Descartes

Ethel Menezes Rocha

Capa: Marcelo de Angelis
Revisão: Bureau do Brejo
Arte final e resp. gráfico: Ladimir de Jesus Silva
Editoração eletrônica: Karina Déa
Editor assistente: Cristiane Luiza Nienkötter
Editoria de Filosofia: Vivianne de Castilho Moreira

Editor: Sálvio Nienkötter

Dados Internacionais de Catalogação na Publicação (CIP)
Angélica Ilacqua CRB-8/7057

Rocha, Ethel Menezes

Indiferença de Deus e o mundo dos humanos segundo Descartes / Ethel Menezes Rocha. – Curitiba: Kotter Editorial, 2016. 166 p. (Mire e veja)

Bibliografia
ISBN 978-85-684-6226-3

1. Filosofia 2. Filosofia moderna 3. Descartes, René, 1596-1650 I. Título

CDD 100 16-0983

Kotter Editorial – Rua das Cerejeiras, 194 – Curitiba – www.kotter.com.br

Filosofia – Coleção Mire e Veja

Feito o depósito legal

Primeira edição
2016

Para Alice, Laura e Luisa

Prefácio

Raul Landim Filho

Este livro é a reelaboração da tese da autora, apresentada por ocasião do seu concurso para professor titular da UFRJ. Não é apenas um texto que foi submetido a um júri para obter uma promoção acadêmica; é, de fato, uma tese, no sentido estrito de tese, pois reinterpreta, de modo original, temas centrais da metafísica cartesiana a partir da questão da livre criação das verdades eternas.

Em três cartas endereçadas a Mersenne em 1630, o jovem Descartes explicitou o significado de sua tese sobre a criação das verdades eternas. Opondo-se às interpretações escolásticas, especialmente à concepção de Tomás de Aquino sobre a relação entre a essência divina e as verdades que decorrem dela, Descartes afirma que Deus é criador tanto da existência (o que é obviamente assumido por Tomás) quanto *das essências das coisas criadas.* As essências criadas são verdades eternas, produzidas livremente por Deus. Enquanto criadas, elas são 'contingentes' em relação a Deus, pois a criação é um ato livre, fruto da indiferença positiva de Deus. Mas, criadas livremente, elas são verdades necessárias, tais como as essências matemáticas ou as noções comuns cartesianas, que podem ser consideradas como os princípios lógicos que estruturam o sistema categorial do intelecto humano. Assim, poderiam ser consideradas contingentes enquanto livremente criadas por Deus, pois poderiam ter sido feitas de outra maneira; elas são necessárias porque assim criadas, desde a eternidade, por um decreto divino, livre e eterno.

Apesar da sua importância, a tese da criação das verdades eternas nem sempre foi o foco principal das análises dos intérpretes da metafísica cartesiana. Talvez isso se deva ao fato de que Descartes, nos textos canônicos da sua obra metafísica, tais como a 4ª parte do *Discurso do Método,* as *Meditações Metafísicas* e a 1ª Parte dos *Princípios da Filosofia,* não tenha tematizado explicitamente esta tese. Nestes textos, no entanto, ela está presente de maneira oculta ou implícita e algumas das suas consequências são explicitamente asseridas. De fato, a questão da livre criação das verdades eternas foi exposta, analisada e justificada em várias cartas[1], em um período que se inicia em 1630 e termina em uma carta destinada a Morus em 5 de fevereiro de 1649, que parece ser a última menção de Descartes à livre criação das verdades eternas. Nas *Respostas às Objeções* (5ª e, sobretudo, nas 6ªs *Objeções*), quando questionado, Descartes retoma e esclarece esta tese.

O jovem Descartes expõe da seguinte maneira a tese da livre criação das verdades eternas:

> Eu digo que por isso mesmo que [Deus] as quis [as verdades eternas] e as inteligiu de toda a eternidade, as criou ou (se você não atribui a palavra "*criou*" a não ser à existência), ele as estabeleceu e as fez. Pois em Deus é uma mesma coisa querer, inteligir (*entendre*) e criar, sem que um preceda o outro nem mesmo pela razão (*ne quidem de ratione*). (AT, v. I, carta, XXII, 27 de maio de 1630, p. 152).

O que justificaria essa tese cartesiana? A essência de Deus é infinita. Infinitude envolve onipotência, que é, por assim dizer, constitutiva da própria essência infinita de Deus. Dessa maneira, o Intelecto e a Vontade Divina, que são em Deus idênticos e infinitos, tudo podem, e por isso, não podem ser constrangidos ou determinados por nada de exterior, pois, caso isso ocorresse, Deus não seria onipotente e, portanto, não seria infinito. De fato, a infinita onipotência divina não tem limites. Dela decorre que a liberdade divina é caracterizada pela mente humana como uma indiferença positiva. Indiferença positiva em Deus supõe que o Intelecto e a Vontade Divina não são previamente determinados pela Verdade e pelo Bem. Deus não escolhe o bem; o Bem e as coisas boas são boas porque criadas e estabelecidas a serem assim por Deus; as coisas são verdadeiras (sejam elas essências ou noções comuns) também porque criadas a serem assim por Deus. É o bem que depende do ato criador divino, assim como a verdade. Ambos são criados. Nesse sentido, a

---

[1] Marcos André Gleizer traduziu para o português as cartas e textos da obra de Descartes que abordam a questão da livre criação das verdades eternas. Ver: "*Textos de Descartes sobre a livre criação das verdades eternas*" in *Analytica*, vol. 16, nºs 1 e 2, 2012, p. 207-219.

essência divina, infinita e onipotente, sendo uma potência infinita tudo pode e, portanto, não é limitada por qualquer coisa. O que ela faz e estabelece, isto é, o que ela cria, cria por indiferença positiva. Dessa maneira, a indiferença positiva é a consequência, por assim dizer, da onipotência divina: negar a liberdade como indiferença positiva em Deus acarretaria, segundo Descartes, negar a própria onipotência divina.

> Por exemplo, não foi por ter visto que era melhor que o mundo fosse criado no tempo do que desde a eternidade, que ele quis criá-lo no tempo; e não quis que os três ângulos de um triângulo fossem iguais a dois ângulos retos porque soube que isto não poderia ser feito diferentemente etc. Mas, ao contrário, porque ele [Deus] quis criar o mundo no tempo, por causa disso é assim melhor do que se ele tivesse sido criado desde a eternidade; e porque ele quis que os três ângulos de um triângulo fossem necessariamente iguais a dois ângulos retos, é agora verdadeiro que isto é assim e não pode ser de outra maneira e assim de todas as outras coisas. (AT, v. VII, *Sextae Responsiones*, p. 432).

Da onipotência divina segue-se que Deus *pode* ter criado algumas verdades eternas incompreensíveis para a mente humana. Por exemplo, é possível para Deus tornar verdadeiros os contraditórios: "... *Deus não pode ter sido determinado a fazer que fosse verdadeiro que os contraditórios não pudessem [ser verdadeiros] conjuntamente, e, consequentemente, ele pode fazer o contrário*" (AT, v. IV, Carta a Mesland, maio de 1644, CCCXLVII, p. 118). O que é impossível para o intelecto humano, como é o caso da verdade de uma contradição, não é impossível para Deus. Mas, se Deus decretou livremente que algo é impossível, isto também seria impossível para a mente humana. Em razão da onipotência divina, Deus *poderia* fazer que os contrários fossem verdadeiros. A onipotência divina não implica que Deus tenha efetivamente feito (em 'outras mentes', em 'outros mundos', quem sabe?) que contraditórios sejam verdadeiros ou que exista montanha sem vale. O que a mente humana sabe é que Deus é onipotente e que, portanto, *poderia* fazer algo que parece ser impossível ou contraditório para o sistema conceitual humano, que tem como noção comum o Princípio de Contradição. A impossibilidade da verdade dos contrários, que parece ser uma impossibilidade para o sistema conceitual humano, não o é certamente para Deus.

Essas teses tornam plausível um enunciado essencial da metafísica cartesiana sobre Deus: a diferença entre compreender e inteligir. A mente humana pode inteligir ou conhecer algumas propriedades de Deus: sua infinitude, sua existência, sua onipotência etc. Mas, em razão da infinitude da essência divina, a mente humana não pode compreendê-la, isto, é, não pode conceber ou abarcar todas as propriedades constitutivas da essência divina. O conhecimento humano é finito; o que a mente humana pode inteligir ou conhecer de Deus é limitado pelo seu intelecto finito. Dessa maneira, a infinitude de Deus ultrapassa os limites do conhecimento finito humano, de tal maneira que, por exemplo, o que é considerado impossível pela mente humana, é possível para o poder de Deus.

Se o livro de Ethel Rocha assumisse apenas as teses acima sucintamente mencionadas, ele estaria na esteira das interpretações habituais do cartesianismo. No entanto, este livro é original sob um duplo ponto de vista: nele a tese das verdades eternas é associada a outras teses do cartesianismo, o que acarreta uma reinterpretação da própria tese das verdades eternas. A partir dessa reinterpretação, são extraídas consequências que lançam uma nova luz sobre a própria metafísica cartesiana. Por exemplo: tendo em vista a reinterpretação da tese das verdades eternas, o livro reexamina a função do *Cogito* no sistema cartesiano e mostra que o Deus Veraz garante, não o *Cogito,* que é indubitável, nem as ideias claras e distintas, que não foram postas em questão pelo Deus Enganador, mas a consistência de um novo modelo de racionalidade, antiescolástico, do qual o *Cogito* é o paradigma.

O livro é composto de três capítulos rigorosamente estruturados. O primeiro capítulo aborda a questão central da interpretação proposta pela autora: a tese da livre criação das verdades eternas. Esse capítulo é determinante para a compreensão do objetivo do livro, pois ele ilumina a abordagem dos temas posteriormente analisados. Como é sabido, segundo Descartes, a essência de Deus é simples. O Intelecto divino por ser infinito pensa em infinitas coisas, isto é, em todas as coisas. Em virtude da simplicidade da essência divina, pensar, querer e criar são em Deus a mesma coisa. Se o intelecto infinito de Deus pensa em tudo, ele cria tudo, isto é, cria desde a eternidade todas as essências. Cria livremente por indiferença positiva, como anteriormente assinalamos. Mas, cria *necessariamente*[2] tudo, pois pensa em tudo. Como em Deus pensar, querer e criar são uma só coisa, por um único ato ou decreto divino, Deus, ao pensar em tudo, desde a eternidade cria as verdades eternas, que são essências. Mas nem tudo o que é criado é necessariamente instanciado ou existente. Deus instanciou as mentes humanas e nelas imprimiu um sistema conceitual, criou o mundo extenso e o instanciou e *pode* ter criado e instanciado outras mentes, outros mundos com sistemas conceituais e leis diversas. O que a mente humana pode conhecer clara e distintamente é determinado pelo seu sistema conceitual. Deus não está, obviamente, submetido ao sistema conceitual humano, como já assinalamos. Assim, o que é verdade para a mente humana pode ser falso em outros sistemas conceituais ou mesmo em Deus. E paradoxalmente, o que *poderia* ser verdadeiro em Deus poder ser falso para o sistema conceitual humano. Descartes escreve para Arnauld (AT, v. V, Carta DXXV, 29 de julho de 1648, p. 224): "*... não ouso nem mesmo dizer que Deus* não pode *fazer uma montanha sem vale ou que um e dois não sejam três; mas digo apenas que ele me deu uma mente de tal natureza que* eu não poderia conceber *uma montanha sem vale, ou que o agregado de um e dois não faça três etc., e digo apenas que tais coisas* implicam contradição em minha concepção" (grifo meu). Por conseguinte, a verdade que a mente humana pode alcançar não é absoluta,

---

[2] Descartes nega que a tese da livre criação das verdades eternas possa ser interpretada como significando uma espécie de emanação da essência divina. Dessa maneira, ele opõe o significado de "emanação" ao significado de "livre criação". A noção de indiferença positiva nos parece essencial para distinguir as noções de criação e de emanação, pois Deus não é determinado, mesmo por sua essência, a produzir as coisas que criou, já que as criou por indiferença positiva. A concepção de liberdade cartesiana é múltipla e complexa. Quando analisada do ponto de vista da liberdade humana, ela inclui também a noção de indiferença negativa e a noção de 'livre necessidade', que ocorre, quando, por exemplo, o intelecto humano, em razão da sua natureza, espontaneamente adere ao evidente (verdadeiro) e a vontade, diante do bem, se inclina espontaneamente ao bem. A autora, conciliando a tese de liberdade de indiferença positiva com a tese de criação necessária (Deus pensa desde a eternidade em todas as coisas, por isso cria todas as coisas, pois pensar, querer e criar é uma só e mesma coisa), se apoia em uma resposta de Descartes a Burman. Analisando a questão dos decretos divinos, Descartes afirmou (segundo Burman): "*Não se deveria aqui desunir (sejungi) necessidade e indiferença nos decretos de Deus, embora ele tenha feito com a máxima e inteira indiferença, entretanto, ele fez com a máxima e inteira necessidade*". Na sequência do texto Descartes explica sua posição. Ver *L'entretien avec Burman*, ed. J-M Beyssade. Paris, PUF, 1981, Texto 38, p 908-101.

é relativa ao seu sistema conceitual. Estas afirmações, formuladas no capítulo 1, associadas a outras teses e interpretações, formuladas no mesmo capítulo, como, por exemplo, a tese da autocriação de Deus (que será exposta na apresentação do próximo capítulo), são ou, ao menos, parecem ser paradoxais. Note-se, no entanto, que elas foram sempre apoiadas por análises textuais e justificadas argumentativamente.

O capítulo 2 aborda um tema difícil da teoria cartesiana: a afirmação de que Deus é *causa sui*. Depois de uma clara e precisa análise do debate entre Caterus, Arnauld e Descartes sobre este tema, o texto mostra que a tese de que Deus é *causa sui* seria mais bem compreendida, caso fosse associada à tese da livre criação das verdades eternas. De fato, afirmar que a essência de Deus é causa da sua existência, já que a essência de Deus envolve sua existência (como pretende provar o argumento ontológico cartesiano), consiste em aplicar à própria essência divina o que a essência divina, na sua "imensa potência", faz e estabelece com as verdades eternas criadas. A onipotência divina, ou a potência divina, é razão ou causa da existência de Deus. Ora, segundo Descartes, existência é uma propriedade e, portanto, a existência de Deus é uma propriedade da sua essência. Deus é o único ente cuja essência envolve sua existência. Por isso, sua essência pode ser dita causa da sua existência e, de maneira análoga, causa da sua própria essência (ou de algumas propriedades da sua essência). Associando-se em Deus o significado de 'causa' ao de 'criação', é afirmado que Deus é *causa sui*, daí, que Deus se autocria. Essa última afirmação pode significar tão somente que a onipotência de Deus, constitutiva da sua essência, é razão de algumas de suas propriedades essenciais, como, por exemplo, ela é razão da existência de Deus. Depois de uma longa análise argumentativa, a autora ousadamente interpreta esta afirmação de uma maneira diferente: Deus *cria* sua própria essência. Não fica claramente explicado se a autocriação de Deus deriva da onipotência divina, que é infinita e incriada, ou bem se a autocriação de Deus significa que Deus produz ou cria sua própria essência. Na primeira hipótese, ocorreria uma hierarquia entre as essências eternas: aquelas que explicam o poder de criar divino e aquelas que são criadas por este poder divino. Na segunda hipótese, obviamente mais problemática e mais instigante, a essência divina teria um poder de se auto-engendrar. Mas, pressuporia este poder algo que não fosse engendrado?

À luz da interpretação da autora sobre a questão das verdades eternas, o 3º capítulo expõe as funções da dúvida cartesiana, do *Cogito*, do Deus Enganador e do Deus Veraz. O objetivo da dúvida seria pôr em questão o modelo de conhecimento escolástico baseado no adágio de que "nada está no intelecto que antes não tenha passado pelos sentidos". O capítulo toma como modelo de concepção escolástica a que foi formulada por Tomás de Aquino no seu opúsculo "*Comentário ao Tratado da Trindade*", questão 5, artigo 3. Neste artigo, Tomás explica as condições da formação da ciência física (no sentido aristotélico de 'física'), da matemática e também da metafísica. É graças ao processo abstrativo, da abstração do todo (abstração do universal a partir do particular sensível) e da abstração da forma (abstração da quantidade, a partir da matéria sensível ou das qualidades sensíveis, denominadas posteriormente de qualidades secundárias) que se conhece, de modo abstrato e inteligível, o objeto formal da física e da matemática. A dúvida cartesiana põe em questão a validade desses tipos de conhecimento que partem e dependem do sensível. Segundo as *Meditações*, o processo da dúvida culmina, como se sabe, na formulação da hipótese do Deus Enganador. Esta dúvida, segundo a autora, não visa pôr em questão as ideias claras e distintas, nem a matemática, tal como Descartes a concebe, mas a explicação escolástica do conhecimento matemático, tal como exposto, por exemplo, por Tomás de Aquino.

Graças à prova ou à intuição do *Cogito*, Descartes descobre 'outra via' para a explicação de um saber certo, indubitável e consistente. A indubitabilidade do *Cogito* não se apoia nem supõe o conhecimento sensível. Desse modo, o *Cogito* instaura um novo modelo de conhecimento ou de racionalidade. Dele é extraída a Regra Geral de Verdade que, do ponto de vista do sistema conceitual humano, legitima a verdade das ideias claras e distintas. O *Cogito* é também a premissa da prova do Deus Veraz, pois a partir dele é engendrada a proposição indubitável e verdadeira de que Deus é Infinito e Veraz. Essa proposição mostra que o modelo de conhecimento engendrado pelo *Cogito* é consistente. Isso significa que, tendo sido assumida a validade da Regra Geral de Verdade, extraída do *Cogito*, o sistema conceitual humano não produzirá proposições evidentes contraditórias. Assim, por exemplo, as proposições 'Deus não existe', 'Deus é Finito' ou 'Deus é Enganador' jamais serão proposições evidentes, formadas por uma composição de ideias claras e distintas que mutuamente se convêm.

Uma exposição completa da epistemologia cartesiana teria ainda a tarefa de explicar a função da percepção sensível no sistema de Descartes. Mas não foi o objetivo do livro expor a epistemologia cartesiana, engendrada a partir do *Cogito*. Nesse capítulo, o livro pretende apenas mostrar as consequências epistêmicas da tese da livre criação das verdades eternas. Descartes não refuta o ceticismo: a verdade humana é relativa ao seu sistema conceitual e por isso limitada. Donde, poderia ser falsa de um ponto de vista absoluto. O indubitável se torna o signo da verdade humana relativizada. Qual seria, então, o estatuto epistêmico da própria tese da livre criação das verdades eternas e do discurso cartesiano sobre Deus? Seriam certamente indubitáveis. Mas seriam verdadeiros do ponto de vista absoluto?

Finalmente, dentre as muitas teses formuladas pelo livro, recapitulo, para melhor realçar, aquelas que julgo serem as mais instigantes:

[i] Deus pensa em tudo desde a eternidade. Em virtude da simplicidade da sua essência, pensar, querer e criar são, em Deus, uma só e mesma coisa. Deus cria tudo o que pensa, cria, portanto, todas as verdades eternas (essências) em um único ato eterno.

[ii] Deus cria as verdades eternas por indiferença positiva e por necessidade. A concepção da liberdade como a indiferença positiva não é incompatível com a concepção de liberdade como necessidade.

[iii] Deus é criador das verdades eternas e é também criador de si mesmo. Deus se autocria. A tese de que Deus é *causa sui*, que Descartes assume, confirma a tese de que Deus se autocria.

[iv] As essências criadas por Deus são constitutivas da essência divina.

[v] Embora as verdades eternas não emanem de Deus, pois elas são criadas, não há transcendência de Deus sobre as essências por ele criadas, já que Deus se autocria e que as essências criadas são constitutivas da sua essência. No entanto, há uma transcendência de Deus sobre as essências instanciadas ou existentes nas coisas finitas.

[vi] Sabemos que todas as verdades eternas foram criadas por um único ato divino, conhecemos algumas delas, sabemos que algumas foram instanciadas, isto é, tornadas existentes por Deus. As essências matemáticas, por exem-

plo, são verdades eternas imutáveis, criadas, o sistema conceitual da mente humana é criado e instanciado ('impresso' na mente humana por Deus), assim como a essência do mundo extensional. É possível que muitas verdades eternas criadas não tenham sido instanciadas e muitas outras possam ter sido criadas e/ou instanciadas sem que o nosso sistema conceitual possa conhecê-las.

[vii] As verdades que o conhecimento humano pode alcançar são determinadas pelo seu sistema conceitual. Assim, apenas verdades relativas a este sistema podem ser conhecidas. A verdade absoluta é inacessível à mente humana. Ocorre, assim, uma espécie de abismo (com poucas pontes que poderiam, talvez, atravessá-lo) entre a verdade conhecida pela mente humana e a verdade em Deus.

[viii] A dúvida cartesiana põe em questão tão somente o modelo de conhecimento escolástico, que tem como ponto de partida o sensível e por isso depende dele. Por exemplo, segundo Tomás de Aquino, a partir do sensível, por diferentes processos abstrativos, são formadas a ciência física e a matemática.

[ix] O *Cogito* é o novo paradigma cartesiano de um modelo de racionalidade antiescolástico, não dependente do sensível. Dele é extraída a Regra Geral de Verdade: todas as coisas que concebemos bastante clara e distintamente são verdadeiras. O Deus Veraz garante a consistência do sistema engendrado a partir da indubitabilidade (verdade) do *Cogito*. Ele garante, portanto, o modelo de racionalidade extraído do *Cogito*.

Teses originais correm o risco de se defrontarem com a impaciência ou com a pouca indulgência do leitor. Assim, quem se dispuser a ler este livro, original e denso, deve abandonar os (pre)conceitos adquiridos em interpretações ortodoxas do cartesianismo. Obviamente, há teses expostas no livro que suscitam de imediato uma adesão sem riscos, outras, que despertam admiração com certas inquietações, finalmente, algumas podem suscitar objeções veementes. Nenhuma das teses expostas e justificadas no livro é banal ou apresentada sem minuciosa argumentação que a justifique e sem apoio textual. O leitor, ao terminar o livro, poderá discordar de algumas interpretações apresentadas. Mas certamente ficará inquieto e terá que retornar aos textos de Descartes, relê-los para, com alguma plausibilidade, poder fundamentar sua discordância da interpretação exposta.

Sumário

Introdução

O objetivo deste trabalho é examinar uma tese cartesiana pouco discutida na literatura secundária, a saber, a tese da livre criação das verdades eternas. Embora pouco abordada, trata-se de uma tese presente nos escritos de Descartes desde 1630 até um ano antes de sua morte, 1649. Na esteira da apresentação da minha leitura dessa tese, que de alguma forma sugere uma leitura do projeto geral cartesiano que se afasta do que tradicionalmente lemos acerca da filosofia de Descartes, pretendo exemplificar certa concepção acerca da atividade filosófica. Fazer história da filosofia é o mesmo que fazer filosofia na medida em que envolve interpretar e reconstruir textos no sentido de apresentar alternativas explicativas acerca das estruturas fundamentais do mundo e da nossa relação com este.

A concepção de história da filosofia subjacente a esse trabalho se opõe à concepção da filosofia analítica contemporânea *stricto sensu* segundo a qual o que se deve reter da história da filosofia são as teses gerais que resultem em problemas, de tal modo que se possa apresentar pretensas soluções contemporâneas a pretensos problemas presentes nas soluções passadas. Tal concepção se opõe também à concepção da filosofia continental segundo a qual da história da filosofia o relevante são também teses gerais que seriam expressões do contexto sócio/político/cultural da época em que são produzidas, de tal modo que se possa filosoficamente descartá-lo ou resgatá-lo, dependendo da posição do autor contemporâneo que a avalia. Nessas duas concepções, que representam de modo geral as duas principais correntes da filosofia contemporânea, atribui-se um valor puramente instrumental à história da filosofia: o recurso ao passado serve ou para expor um pretenso problema do passado que, embora tenha solução (como mostraria a filosofia contemporânea), esta não foi encontrada pelos autores clássicos, ou para expor um tempo/contexto/cultura que deve ser resgatado ou rejeitado. O que subjaz a este trabalho é uma outra concepção de história da filosofia onde esta tem um valor intrínseco: fazer filosofia é, essencial e necessariamente, fazer história da filosofia, já que é por meio da interpretação/reconstrução dos argumentos de diferentes autores que a complexidade e a densidade das questões filosóficas podem vir à tona, tornando assim possível o desenvolvimento de alternativas possíveis de visões de mundo e da relação do homem com o mundo. Fazer filosofia seria explicitar o máximo possível os problemas filosóficos e explicitar o máximo possível as alternativas explicativas de modo a que estas se tornem cada vez mais abrangentes, coerentes e, sobretudo e no máximo, plausíveis. Subjaz, portanto, a ideia de que a filosofia é uma atividade de cunho essencialmente especulativo (em oposição às de caráter científico) que tem como base a análise de conceitos, teses, argumentos apresentados em torno de questões. E que fazer filosofia é essencialmente fazer história da filosofia na medida em que a análise de conceitos, teses e argumentos de autores clássicos (estejam estes no passado ou no presente) é o que permite o desenvolvimento, refinamento ou o engendramento de alternativas especulativas acerca da estrutura do nosso mundo. Nessa análise de conceitos, teses e argumentos, o que se busca não é encontrar o que definitiva e verdadeiramente um autor diz nem o que verdadeiramente é a estrutura fundamental de nossa realidade. Por meio da análise de conceitos, teses e argumentos busca-se, em vez disso, ressaltar o que de mais abrangente, explicativo e robusto se pode extrair de um texto filosófico.

O presente trabalho é uma aplicação da metodologia acima descrita. Proponho uma leitura do projeto filosófico de Descartes à luz de sua doutrina da livre criação das verdades eternas. Isto é, pretendo sugerir a teoria cartesiana da livre criação das verdades eternas como a chave de leitura do projeto cartesiano, o que implica que a leitura aqui sugerida desse projeto, em importantes aspectos, se afasta bastante da leitura que usualmente se faz. Esses aspectos aparecem na medida em que o foco da leitura aqui sugerida, a doutrina cartesiana da livre criação das verdades eternas, alternativa à da tradição pré-cartesiana, envolve uma concepção de Deus segundo a qual: a) sua suprema liberdade se expressa em sua indiferença; b) Ele é criador de todas as coisas, inclusive dos princípios lógicos e c) é autocausado. A partir dessa concepção de Deus, sugerimos no decorrer desse trabalho ser necessário concluir que segundo Descartes há uma desconexão entre o conhecimento/criação do mundo por parte de Deus de um lado e, de outro lado, o poder finito dos seres humanos de conhecer este mundo (e, portanto, nossa falta de conhecimento), o que implica que no projeto geral de Descartes o Deus veraz não tem o papel de fundamentar o conhecimento da verdade absoluta, como frequentemente se considera.

Em vista da leitura aqui apresentada segundo a qual a doutrina da livre criação das verdades eternas implica que Deus criou todas as essências e que Deus possa ter criado um mundo atual sem sentido para os homens, conjuntamente com o que está envolvido por ela, este trabalho tem a seguinte estrutura. Na Seção 1 apresento e discuto a tese propriamente dita: a doutrina cartesiana da livre criação das verdades eternas abre a possibilidade de que Deus tenha criado um mundo que não pode ser compreendido pelos princípios racionais que estruturam a mente humana e, portanto, tenha criado um mundo sem sentido para os homens. Pretendo mostrar que essa leitura é corroborada por dois exemplos de pares contraditórios, incompreensíveis, segundo Descartes, aos olhos do homem: a existência de seres que consistem na união íntima entre duas substâncias excludentes e a existência de seres livres em um mundo onde tudo é preordenado por Deus. Na Seção 2 apresento e discuto uma tese envolvida na minha leitura da doutrina cartesiana das verdades eternas: se, segundo Descartes, Deus é causa de todas as coisas e se isso implica que Deus, além de criar o mundo atual e as ideias nas mentes finitas, cria/estabelece as essências como sua própria essência, então ele parece ter que admitir a tese da autocausação de Deus. Nessa seção discuto tal tese, apresentada sobretudo nas respostas de Descartes a objeções às *Meditações*, e a relação essencial desta com a tese da livre criação das verdades eternas. Na Seção 3 apresento uma interpretação da *Primeira Meditação*, segundo a qual a hipótese do Deus enganador põe em questão apenas o funcionamento ilegítimo da razão, dependente dos sentidos, sustentado como fonte de conhecimento por seus adversários de inspiração aristotélica, já que, segundo estes, todo conhecimento é abstraído a partir de ideias sensíveis. Nessa apresentação discuto em linhas gerais a interpretação tradicional segundo a qual a hipótese do Deus enganador incide sobre as ideias claras e distintas e a prova da existência de Deus é a garantia da impossibilidade da existência desse Deus e, nesse sentido, constitui a fundamentação do conhecimento absoluto. Segundo a minha leitura, o papel da prova da existência de Deus é o de legitimar as ideias claras e distintas, não porque elimina a dúvida universal acerca dessas ideias, mas porque torna padrão uma estrutura de exercício da razão (independente dos sentidos) inaugurada no argumento do *Cogito*, na medida em que exibe, como este argumento, uma estrutura de pensamento indubitável. Na esteira da discussão do papel da dúvida, que se baseia na hipótese do Deus enganador, apresento uma discussão acerca da tese frequentemente defendida por comentadores de que, porque no sistema cartesiano a prova da existência de Deus veraz garante a passagem da persuasão para o conhecimento (e, portanto, a passagem da certeza racional subjetiva para o conhecimento objetivo absoluto), é possível demonstrar que nessa prova não se instaura o também frequentemente apontado círculo cartesiano. Sustento que, diferentemente dessa interpretação usual, não há círculo referente à prova da existência de Deus não por conta dessa suposta passagem da persuasão para o conhecimento objetivo, mas sim porque nenhuma ideia clara e distinta é posta em questão em momento algum das *Meditações*.

Tendo em vista que a leitura sugerida da tese cartesiana da livre criação das verdades eternas aponta para essa desconexão entre mundo criado por Deus e mundo conhecido por seres racionais finitos, nessa Seção 3 do trabalho examino a primeira prova da existência de Deus apresentada nas *Meditações*. Por meio desse exame pretendo mostrar que esta não tem como fim fundamentar a possibilidade do conhecimento da verdade absoluta eliminando a possibilidade de um Deus enganador que enganaria até mesmo quanto à verdade de ideias claras e distintas, isto é, ideias produzidas pela razão sem auxílio dos sentidos. A prova da existência de Deus teria sim o papel de legitimar as ideias claras e distintas como fonte de verdade, mas não por eliminar uma dúvida relativa a elas e nem por fundamentar o conhecimento absoluto. A prova legitimaria a verdade das ideias claras e distintas na medida em que sua estrutura constitui um exemplo do funcionamento correto da razão que, por não depender dos sentidos, é indubitável. Nesse caso, portanto, legitimar a verdade de tais ideias não equivale a legitimar a possibilidade do conhecimento da verdade absoluta, mas sim mostrar que, por serem indubitáveis, estas consistem no melhor candidato ou aquilo que melhores credenciais possui para ser considerado como fonte de conhecimento pelo ser racional finito. Sustento, portanto, que a existência de Deus não garante que os homens conheçam o mundo tal como ele é criado por Deus, mas apenas o "mundo" cognoscível através dos princípios da razão. Do mundo, os homens podem conhecer aquilo que faz sentido para eles segundo os princípios racionais que estruturam seu intelecto.

Concluo o trabalho com um resumo das teses e argumentos principais ressaltando que a leitura aqui sugerida sustenta uma leitura do projeto cartesiano segundo a qual o fundamental não é responder ao cético, mas sim substituir o modelo cognitivo sustentado pelos escolásticos de orientação aristotélica, para quem não há ideia no intelecto que não tenha antes estado nos sentidos. Ainda a título de conclusão do trabalho, aponto, sem desenvolver, para uma consequência da leitura sugerida: se, por um lado, no sistema cartesiano Deus não é o que garante o conhecimento absoluto por parte dos homens, por outro lado parece ao menos garantir a autopreservação destes.

Uma versão inicial deste trabalho foi apresentada em 2013 no Seminário Filosofia da Linguagem - UFRJ; em 2014 apresentei uma segunda versão no grupo de pesquisa U of T Modern Philosophy Research Group – Universidade de Toronto. Ainda uma terceira versão foi apresentada como tese no concurso para professora titular na UFRJ. A reelaboração do texto original a partir das incitantes discussões e dos comentários precisos resultou no presente texto. Ao longo de todo esses períodos obtive apoio do CNPq, que me atribui uma bolsa de pesquisador e da CAPES que, em 2014, me atribuiu uma bolsa sênior para desenvolvimento da minha pesquisa na Universidade de Toronto.

Seção 1

A doutrina cartesiana da livre criação das verdades eternas

É sabido que Descartes sustenta a tese forte de que as verdades eternas são livremente criadas por Deus. A tese não é apenas a de que tudo (inclusive as verdades eternas) depende de Deus, como sustenta a tradição escolástica de inspiração aristotélica, mas que tudo (inclusive as verdades eternas) depende da *livre vontade* de Deus, de tal modo que Deus poderia ter criado as coisas diferentemente. Essa tese não aparece em nenhum livro de Descartes publicado, mas entre 1630 e 1649 (um ano antes de sua morte) está presente em sua correspondência (em oito cartas) e em suas respostas a duas das objeções feitas às *Meditações Metafísicas*[3]. Além disso, aparece em *L'entretien avec Burman*[4], que consiste em notas de Frans Burman sobre sua conversa com Descartes, que data de 1648.

Nesses textos, Descartes parece sugerir que a tese da livre criação das verdades eternas segue-se da tese tradicional de que a infinitude dos poderes de Deus é incompreensível. Isso fica claro, por exemplo, em carta a Mesland onde Descartes afirma:

---

[3] Ao completar o texto das *Meditações,* Descartes o faz circular no meio intelectual solicitando críticas e comentários. A seu editor Mersenne, a quem solicita que circule o texto ainda mais e com o mesmo objetivo, Descartes escreve: "Ficarei contente se as pessoas fizerem tantas objeções quanto possíveis, e as mais fortes que possam encontrar. Pois espero que em consequência a verdade se destacará melhor" (carta de 28 de janeiro de 1641) [AT III: 297]. Os seis primeiros grupos de objeções com as respostas de Descartes foram publicadas na versão original em latim de 1641. A segunda edição das *Meditações* incluiu um novo conjunto de objeções e as respostas de Descartes. O fato de Descartes considerar que as objeções com suas respostas tornariam mais clara a verdade do que é sustentado no texto sugere que, embora não apareça expressamente no texto das *Meditações,* porque aparece em duas de suas respostas a esses conjuntos de objeções, a doutrina da livre criação das verdades eternas é, de certa forma, parte das *Meditações.*

[4] *L'entretien avec Burman* (Épiméthée, PUF, Paris 1981).

> Passo à dificuldade de se conceber como Deus poderia agir livre e indiferentemente se tivesse feito com que fosse falso que os três ângulos de um triângulo fossem iguais a dois ângulos retos, ou em geral que contraditórios não pudessem ser verdadeiros ao mesmo tempo. É fácil dissipar essa dificuldade ... considerando que o poder de Deus não pode ter limites, e que nossa mente é finita ...(AT IV: 118)[5].

Entretanto, apesar da incompreensibilidade acerca da infinitude dos poderes de Deus, Descartes sustenta a possibilidade de uma teologia positiva quando sustenta que podemos conhecer muito acerca de Deus. Como afirma em carta a Mersenne[6],

> [...] há muitas coisas realmente em Deus, ou relativas a Deus, que somos capazes de alcançar com nossas mentes e expressar em palavras – na verdade mais do que no caso de qualquer outra coisa. E, portanto, nesse sentido, podemos conhecer Deus e falar muitas coisas sobre ele [AT II: 284].

Segundo Descartes, dentre o que podemos atribuir a Deus, constam sua onisciência, onipotência, simplicidade, univocidade, imaterialidade, pura atualidade e criatividade exclusivas[7]: sabemos que Deus é perfeito e que, entre outras coisas, é puro pensamento de tudo, é uno e é simples e que, portanto, cria tudo que pensa.

[5] Sempre que possível as citações de passagens das *Meditações Metafísicas* serão extraídas da tradução de Bento Prado Junior e J. Guinsburg (1973). Em algumas passagens, para uma melhor compreensão, torna-se necessário recorrer à versão original em latim do texto das *Meditações*, nesses casos será utilizada a tradução para a língua portuguesa de Fausto Castilho (2004). As citações de passagens dos *Princípios da Filosofia* serão extraídas da edição brasileira, tradução coordenada por Guido Antonio de Almeida (2002). As citações serão acompanhadas da notação da edição em latim Adam & Tannery (AT) da obra de Descartes seguida do número do volume e do número da página nessa edição. Os textos citados da correspondência de Descartes são de minha tradução.

[6] Carta de 21 de janeiro de 1641.

[7] Margaret Wilson (1978), em oposição a H. Frankfurt afirma que a tese da livre criação das verdades eternas é a tese mais básica da qual depreende a simplicidade e univocidade de Deus (p. 122 e nota 21).

Neste trabalho pretendo examinar a tese cartesiana da livre criação das verdades eternas em conjunção com aquilo que Descartes afirma ser por nós conhecido acerca de Deus. O foco da minha análise é no significado da afirmação de Descartes de que "Deus poderia ter criado coisas de modo diferente", considerando que as verdades eternas livremente criadas por Deus incluem os princípios lógicos[8]. Sustento que, no que concerne àquilo que o intelecto finito dos homens pode conceber, a tese cartesiana da livre criação das verdades eternas envolve ao menos o seguinte: a) Deus, por ser infinito e puro pensamento em ato, estabelece, livre e por necessidade interna – e assim causa em si e enquanto ele próprio – todas as essências e verdades, inclusive aquelas que para o intelecto finito parecem impossíveis, já que lhe aparecem como contraditórias; b) sendo onipotente e/ou indiferente, ao estabelecer as essências e verdades, Deus indiferentemente instancia (e assim cria), como conteúdo de ideias inatas nas mentes finitas, aquilo que para o intelecto finito aparece como essências e verdades não contraditórias – visto que as mentes finitas atuais são criadas com estrutura lógica – e instancia no mundo físico atual ao menos algumas dessas essências e verdades que aparecem a essa mente finita como não contraditórias; e c) embora a mente humana finita não possa conceber clara e distintamente, Deus, ao estabelecer essências e verdades, pode ter instanciado no mundo atual todas as essências e verdades que a mente finita percebe como contraditórias, isto é, aquelas cuja coexistência não pode ser clara e distintamente concebida pela mente finita e, por isso mesmo, parecem impossíveis[9].

---

[8] Uso o termo "lógicos" na expressão "princípios lógicos" para designar os princípios básicos da racionalidade e não no sentido técnico em geral ou como Descartes com frequência usa, designando as regras ou padrões de pensamento. Para esse sentido técnico do termo "lógico" veja-se AT 10: 521; AT 6:17 e AT 5: 175.

[9] Em muitas passagens dos textos de Descartes, inclusive textos dedicados à doutrina da livre criação das verdades eternas, percebe-se uma forte relação entre perceber clara e distintamente uma ideia, compreender o sentido do conteúdo exibido por uma ideia, a não contraditoriedade desse conteúdo, e a possibilidade de existência atual da contraparte do conteúdo da ideia. Essa relação é tal que quando uma mente finita percebe clara e distintamente uma ideia, ela ao menos compreende o sentido exibido pelo conteúdo dessa ideia, e isso significa que ela percebe esse conteúdo como não contraditório e que aquilo que é representado na mente pode existir no mundo. Isso é claro, por exemplo, na Sexta Meditação quando Descartes afirma: Só me resta agora examinar se existem coisas materiais; e certamente, ao menos, já sei que as pode haver, na medida em que são

Ao considerarmos dois exemplos, a saber, as teses da união entre corpo e alma e da liberdade humana, consideradas no contexto do dualismo e da preordenação, respectivamente, ficará claro que, segundo Descartes, Deus de fato instancia/cria no mundo atual ao menos dois pares de essências que à mente finita aparecem como contraditórias. Porque a coexistência desses pares não pode ser clara e distintamente concebida por essa mente finita, esta conclui que é impossível que coexistam. Mais especificamente, nesses exemplos – um ser formado pela união de duas substâncias excludentes e um ser livre em um mundo preordenado – Descartes parece disposto a admitir que Deus criou no mundo coisas que a mente finita e limitada considera como impossíveis de existir[10]. Concluo essa seção mencionando o modo como Descartes sustenta a benevolência e veracidade divinas no caso dos erros necessários dos sentidos como o modelo segundo o qual é possível responder ao que

---

consideradas como objeto das demonstrações de Geometria, visto que, dessa maneira, eu as concebo mui clara e distintamente. [AT &: 71]. Não estou afirmando, entretanto, que o conceito de ideia clara e distinta em Descartes e sua relação com a não contraditoriedade, com o sentido, e com a possibilidade de existência não sejam problemáticos. O fato de Descartes sustentar a regra da verdade – segundo a qual as ideias claras e distintas são verdadeiras – conjugado às diferentes funções que ele atribui às faculdades do entendimento e da vontade – sugerem que perceber clara e distintamente uma ideia é mais do que perceber o sentido de seu conteúdo e menos do que perceber sua verdade, o que exige clarificação. Essa análise, entretanto, estaria além da abrangência desse trabalho, e para meu objetivo, basta afirmar que perceber clara e distintamente uma ideia é ao menos perceber seu conteúdo como tendo sentido e como não sendo contraditório.

[10] H. Frankfurt (1991) situa a tese de Descartes da livre criação das verdades eternas no contexto da discussão com os escolásticos para quem, segundo ele, há dois tipos de essências: essências possíveis, que não são criaturas de Deus, mas ao contrário derivam necessariamente de Deus, e essências reais, que são essências de indivíduos existentes e são criadas quando os indivíduos são criados. A doutrina da livre criação das verdades eternas, segundo Frankfurt, diz respeito às assim chamadas "essências possíveis" que, segundo os escolásticos, não constituiriam limitações externas ao poder de Deus, mas tampouco seriam criadas por Deus. As verdades eternas dependeriam de Deus na medida em que derivam da essência mesmo de Deus e, nesse sentido, elas só existem porque Deus existe. Tendo em vista a contextualização do problema proposta por Frankfurt, sustentarei que Descartes admite que as essências possíveis são criadas por Deus em um único ato livre (em contraste com emanarem da essência de Deus), ato pelo qual, em virtude de sua onipotência, Deus se cria contendo ao menos eminentemente todas as essências e instancia algumas dessas essências na mente finita e, ao menos algumas delas, mas possivelmente todas elas, no mundo atual.

seria uma objeção imediata a essa leitura: se ela está correta, então o Deus de Descartes seria, em certo sentido, enganador.

Assim, minha tese principal aqui é que, ao introduzir a doutrina da livre criação, Descartes parece admitir um mundo atual absurdo. Essa doutrina abre a possibilidade de Deus ter criado um mundo que não pode ser compreendido pelos princípios racionais humanos. Mais ainda, isso é verdade não com relação às misteriosas verdades da fé, como a transubstanciação ou a Santíssima Trindade, que, segundo Descartes, apesar de consistirem em matéria obscura e confusa, podem ser clara e distintamente conhecidas pela iluminação divina[11]. Minha hipótese aqui é, em vez disso, que a doutrina da livre criação abre a possibilidade de verdades criadas (isto é, verdades do ponto de vista de Deus e, portanto, as verdades nelas mesmas) que, no caso de serem percebidas por seres humanos, só podem ser percebidas por ideias obscuras e confusas, de tal modo que só podem aparecer como contraditórias e absurdas. Por meio da doutrina da livre criação, Descartes admite a possibilidade de Deus ter criado verdades que os humanos não podem acessar por ideias claras e distintas, sejam essas ideias da razão, sejam ideias da fé. Mais ainda, com base no fato de que, segundo Descartes, temos acesso obscura e confusamente a pelo menos algumas das verdades que nos aparecem como contraditórias e instanciadas no mundo atual por Deus, sustento que ele admite que Deus de fato criou um mundo no qual ao menos algumas das coisas percebidas pelos humanos como contraditórias são verdades. Embora Descartes não defenda expressamente a criação de um mundo sem sentido, o fato de admitir que Deus tenha criado ao menos algumas verdades que aparecem como absurdas à mente finita confirma que o mundo criado pode conter não só essas duas, mas muitas outras verdades que, segundo ele, a mente finita percebe como contraditórias ou que estão "além de nossa compreensão".

---

[11] Para a discussão de Descartes acerca da clareza e distinção das ideias advindas da graça divina, veja-se suas respostas às *Segundas Objeções* [ATVII: 147/148], sua carta a [AT 7: 581], e sua carta a Hyperaspistes [AT 3: 426]. Nessas respostas, por exemplo, mencionando a regra da verdade, segundo a qual o que é clara e distintamente percebido é verdadeiro, Descartes faz uma distinção entre a matéria das verdades teológicas e as razões para dar adesão a elas, e afirma: "Deve-se notar que a clareza ou transparência que pode induzir nossa vontade a dar assentimento é de dois tipos: a primeira advém da luz natural, e a segunda advém da graça divina".

Verdades eternas, princípios lógicos e o intelecto finito

O paradigma de verdades eternas indicado por Descartes em diferentes textos são as verdades matemáticas. Descartes inclui, entretanto, na lista de verdades eternas pelo menos os princípios lógicos, além de princípios metafísicos, físicos e morais. Constarem os princípios lógicos no elenco das coisas criadas livremente por Deus é manifesto em diversas passagens, como por exemplo, nos *Princípios*, quando Descartes diz:

> [E]sta proposição *a partir do nada nada vem* é considerada não como alguma coisa existente, nem tampouco como modo da coisa, mas como uma certa verdade eterna que tem [sua] sede em nossa mente... Desse gênero são: *é impossível que o mesmo seja e não seja ao mesmo tempo, o que foi feito não pode não ter sido feito, aquele que pensa, enquanto pensa, não pode não existir*; e inúmeras outras" [AT VIIIA: 24].

Além da afirmação de que os exemplos citados são verdades eternas, essa passagem sugere que os princípios lógicos consistem na estrutura do intelecto finito, visto que, segundo Descartes, a proposição "a partir do nada nada vem a ser", dentre outras do mesmo gênero, deve ser considerada como referindo-se não a alguma coisa existente, nem tampouco como modo da coisa, mas sim como uma certa verdade eterna que tem sua sede em nossa mente. Se as verdades eternas são criadas, os princípios lógicos são criados na mente finita, embora não como uma modificação contingente desse intelecto: não é como se a mente finita tivesse sido criada de tal forma que às vezes pensa logicamente, como ela às vezes duvida, às vezes ama, às vezes odeia, etc. Em carta a Arnauld, Descartes esclarece o que quer dizer quando afirma que os princípios lógicos são criados na mente finita, mas não como um modo desta; eles configuram a estrutura da mente finita:

> Eu nem mesmo ousaria dizer que Deus não pode fazer uma montanha sem vale, ou que um mais dois não seja três. Eu apenas digo que ele *me dotou de um mente de tal modo que não posso conceber* uma

> montanha sem um vale, ou a soma de um mais dois sem ser três, e que essas coisas envolvem uma contradição em minha concepção. [AT V:224. Ênfase acrescentada]

Mais ainda, como Descartes sustenta na *Quarta Meditação*, essa estrutura lógica da mente finita é o que torna limitada essa mente finita. Isso fica claro quando afirma que a mente finita é dotada de duas faculdades, a saber, o entendimento, que é finito, passivo e responsável por conceber ideias – e a vontade, infinita e ativa, responsável por toda ação, inclusive qualquer ato mental que se acrescente às representações do entendimento, como quando se quer algo, se afirma algo, se duvida de algo, etc. Como diz Descartes, é a infinitude da vontade que torna a mente finita semelhante a Deus e a finitude do entendimento (bem como da memória e da imaginação) que a limita [AT VII: 57-8].

Visto que os princípios lógicos são criados como a estrutura da mente finita e como aquilo que a limita, é razoável afirmar que o conceito mesmo de contraditoriedade pode estar relacionado apenas à mente humana finita[12]. O que aparece como contraditório à mente finita e, por isso mesmo, impossível de existir, parece resultar da limitação dessa mente e não corresponde necessariamente a como as coisas de fato são, isto é, como as coisas são do ponto de vista do criador. Se Deus cria os princípios lógicos como estrutura da mente finita, então é razoável afirmar que nelas mesmas as coisas criadas por Deus, isto é, do ponto de vista de Deus, podem sempre coexistir umas com as outras. Assim, é possível que haja um modo como as coisas são de fato, ou seja, como são criadas por Deus, onde tudo coexista com tudo e que, apesar disso, a mente finita não seja capaz de perceber isso.

---

[12] Essa linha interpretativa é sugerida por M. Wilson (2005, p.110). Wilson afirma que Descartes admite que a necessidade que percebemos nas proposições matemáticas é função da estrutura de nossas mentes finitas. Além disso, Wilson afirma que a história da epistemologia e a filosofia da matemática mostram que essa posição cartesiana não é tão idiossincrática como parece à primeira vista. Em uma nota, entretanto (nota 3, Capítulo III), ela afirma que, apesar disso, não parece que Descartes deixe que sua doutrina da livre criação interfira na confiança que os homens depositam na conceptibilidade como guia para certas verdades. Neste trabalho não trato dessa questão da confiança.

A contraditoriedade percebida pela mente finita parece resultar do modo obscuro pelo qual essa mente finita combina certas ideias, como é indicado por Descartes em sua conversa com Burman:

> [N]ão há contradição nas coisas, mas apenas em nossas ideias. Pois são só as ideias que conjugamos *de um tal modo* que elas são inconsistentes umas com as outras. As coisas, ao contrário, não são inconsistentes umas com as outras, visto que todas podem existir: logo, nenhuma coisa é inconsistente com outra. Com ideias, o oposto ocorre: em nossas ideias juntamos e unimos coisas separadas, que consideradas nelas mesmas não são inconsistentes. Essa é a origem da contradição [...] [AT V: 37. Ênfase acrescentada].

Parece que Descartes aqui está afirmando não apenas que as coisas nelas mesmas, como Deus as cria, não são inconsistentes umas com as outras, mas também que a inconsistência que a mente finita percebe acerca da coexistência de algumas delas resulta de seu modo limitado e confuso de pensar. Assim, é a mente finita que percebe como impossível a coexistência de certas coisas, e isso não porque ela combina o que não pode ser combinado, mas porque ela combina de modo muito obscuro ideias sobre coisas.

A princípio, portanto, do ponto de vista de Deus, nada é de tal modo que não possa existir, o que parece significar que é possível que Deus possa fazer coisas de modo diferente de como a mente finita percebe e fazer com que qualquer coisa efetivamente coexista com qualquer outra coisa. Essa possibilidade é clara ainda no que Descartes parece afirmar em inúmeras passagens, por exemplo, em carta a More onde declara não poder afirmar que Deus não tem o poder de fazer o que ele percebe como contraditório:

> E portanto ouso afirmar que Deus pode fazer todas as coisas que percebo como possíveis, mas não sou tão ousado a ponto de dizer o contrário, a saber, que ele não pode fazer o que colide com minha concepção das coisas – apenas digo que isso envolve uma contradição [AT V: 272].

Do mesmo modo, em carta a Mersenne, declara: "De um modo geral podemos afirmar que Deus pode fazer tudo o que podemos compreender, mas não que ele não pode fazer o que está além da nossa compreensão" [AT I: 146]; mais uma vez, em carta a Mesland, afirma, "Deus não pode ter sido determinado a fazer com que seja verdade que contraditórios não podem ser ao mesmo tempo, e portanto (...) ele poderia ter feito o oposto" [AT IV:118].

Essas afirmações feitas no contexto da tese da livre criação das verdades eternas sugerem dois possíveis sentidos para o que Descartes quer dizer. É possível que ele queira dizer apenas que Deus poderia ter criado outras essências e verdades necessárias e não as que efetivamente criou, como é geralmente compreendido pelos intérpretes[13]. Note-se, entretanto, que é o imenso poder de Deus que explica, nesse caso, que Deus poderia ter criado de outro modo e não que Deus escolhe um dentre mundos possíveis, já que antes da criação não há sequer possibilidades. É possível, entretanto, que Descartes queira dizer não apenas isso, mas também que Deus efetivamente criou essências e verdades que a mente finita não pode clara e distintamente conceber e, por isso mesmo, de fato não as concebe. A razoabilidade dessa segunda alternativa parece seguir-se, como vimos, da tese de que os princípios lógicos são criados como a estrutura das mentes finitas. Se Deus criou esses princípios lógicos como a estrutura do intelecto finito que o limita, então é ao menos possível que no ato de criação Deus não esteja submetido a esses princípios lógicos, e isso implica que Deus pode de fato ter criado verdades que a mente finita não pode conceber clara e distintamente. Visto que Deus cria os princípios lógicos e os cria como a estrutura da mente finita, Deus pode ter criado um mundo que não se adequa aos princípios lógicos que limitam as concepções da mente finita.

A tese de que é possível que o intelecto finito não possa perceber clara e distintamente tudo o que Deus cria parece ser explicada por outra mais ampla, segundo a qual o intelecto finito não compreende a natureza perfeita (infinita) de Deus. Em uma carta a Mersenne, entretanto, Descartes parece admitir que, embora o intelecto finito não possa compreender alguns aspectos da natureza de Deus, isto é, não possa abarcar as infinitas propriedades infinitas de Deus, ainda assim o intelecto finito pode conhecer a natureza de Deus:

> Digo que sei ... e não que o concebo ou o compreendo, pois se pode saber que Deus é infinito e onipotente ainda que nossa alma, sendo

[13] Veja-se, por exemplo, E. Gilson (1913), H. Gouhier (1924), E. M. Curley (1984), D. Kaufman (2002), e H. Frankfurt (1987).

> finita, não o possa compreender... pois compreender é abraçar com o pensamento, mas, para saber uma coisa, basta tocá-la com o pensamento [AT I: 152].

O intelecto finito não compreende a natureza de Deus por duas razões: a primeira é que o intelecto finito não é capaz de enumerar as infinitas propriedades de Deus; a segunda, que ele não é capaz de abarcar o grau infinito dessas propriedades. Mas se é assim, parece que, dado o intelecto finito não compreender a infinitude dos atributos divinos, não pode conceber como é possível que Deus crie o que a esse intelecto finito parece impossível.

Natureza de Deus e limitação lógica

Até aqui, entretanto, como vimos, só se pode afirmar que Deus poderia estar ou não sujeito aos princípios lógicos desde a eternidade ao criar. Deus cria os princípios lógicos na mente finita, mas nada impede que ele os tenha seguido em seu ato criador. Deus poderia criar os princípios lógicos e ao mesmo tempo usá-los em toda sua criação. Parece que, dada a onipotência divina, nada o obriga a e tampouco nada o impede de usar os princípios criados enquanto cria tudo, inclusive esses princípios. Entretanto, se atentarmos para o que Descartes afirma conhecermos da natureza de Deus, somos levados a afirmar que ele está obrigado a admitir a tese mais forte segundo a qual Deus não pode estar sujeito aos princípios lógicos. E isso não porque o poder de Deus não é suficiente para que ele se sujeite ao que ele próprio cria. Sua onipotência permite que ele crie desde a eternidade e desde a eternidade esteja sujeito ao que cria (nesse caso, os princípios lógicos). Em vez disso, a alegação de que Deus não pode estar sujeito aos princípios lógicos tem como base duas razões que dizem respeito ao que, segundo Descartes, conhecemos acerca da infinitude de Deus e acerca desses princípios lógicos.

A primeira razão pela qual concebemos clara e distintamente que Deus não pode estar submetido aos princípios lógicos tem como base o fato de sabermos, como fica claro na primeira prova da existência de Deus, que ele é infinito, o que significa que não há em Deus nenhum tipo de limitação. A realidade formal de um ser infinito é derivada do fato de que uma mente finita não pode ser a causa da realidade objetiva infinita exibida no intelecto através da ideia de Deus. Descartes insiste nisso em suas respostas às objeções de Caterus acerca da possibilidade da ideia clara e distinta do infinito, onde lemos que

> O infinito pode ser concebido, na medida em que podemos clara e distintamente compreender que algo é de tal modo que nele *não po-*

> *demos encontrar nenhuma limitação.* E nisso consiste conceber clara e distintamente o infinito" [AT VII: 112. Ênfase acrescentada][14].

Visto que sabemos que Deus é infinito, sabemos que ele não tem qualquer limitação. A ausência de quaisquer limites em Deus é afirmada também nos *Princípios*, quando Descartes distingue o que é indefinido – a saber, "todas as coisas em que não podemos, de algum ponto de vista, encontrar um limite" – do que é infinito, ou seja, Deus, "pois é só nele que, sob *todos os aspectos*, não apenas não reconhecemos limite algum, mas também entendemos positivamente que não há nenhum" [AT VIIIA: 15. Ênfase acrescentada]. Ora, se Deus é infinito no sentido em que não tem limite algum sob nenhum aspecto, e se a estrutura lógica é uma limitação (da mente finita criada), então Deus não só pode não estar sujeito aos princípios lógicos, mas necessariamente não está. Dada sua infinitude, Deus não pode escolher estar submetido aos princípios lógicos, do mesmo modo como não pode escolher não existir, não ser onipotente, etc., visto não ter qualquer limite[15].

A segunda razão que nos leva a afirmar que, no sistema cartesiano, Deus ao criar não pode estar sujeito a princípios lógicos também tem como base o que, segundo Descartes, conhecemos acerca da natureza infinita de Deus. Na *Terceira Meditação* diz: "... a unidade, a simplicidade ou a inseparabilidade de todas as coisas que existem em Deus é uma das principais perfeições que concebo existentes nele; [...]"[AT VII: 51]. Note-se que além de afirmar a simplicidade e unidade de Deus, Descartes nessa passagem claramente admite considerar que Deus tem diferentes perfeições (no plural), embora de modo inseparável. Isto é, Descartes não parece estar defendendo a tese de que *não podemos fazer nenhum tipo de distinção em Deus.* Se, por um lado, a tese da sim-

---

[14] Visto que aquilo que clara e distintamente percebemos acerca da essência é verdadeiro acerca da coisa que tem essa essência, como afirma Descartes na Quinta Meditação [AT VII: 65], então perceber clara e distintamente que Deus é infinito significa que Deus é infinito.

[15] Para a discussão acerca da possibilidade de Deus escolher sua natureza, veja-se Gueroult (1953) que sustenta que expressões como "Deus existe", "Deus é onipotente", "Deus é benevolente", e assim por diante, são verdades eternas de uma ordem mais alta; e Schmaltz (1991), que sustenta que existência, onipotência, benevolência e assim por diante são "atributos fortes" de Deus. Embora com base em diferentes argumentos, ambos sustentam que essas verdades não podem ser alteradas nem mesmo na eternidade.

plicidade e unidade de Deus leva à tese de que em Deus não há pluralidade de propriedades, por outro lado, parece permitir que, de algum modo, seja possível distinguir diferentes aspectos da infinitude de Deus. Não há uma pluralidade de atributos em Deus, embora possamos nos referir a seu único atributo – infinitude – por seus diferentes aspectos (onipotência, imutabilidade, suma bondade, etc.). Assim, Descartes parece querer afirmar que embora não haja uma distinção real ou modal entre as diferentes propriedades que percebemos em Deus, podemos distingui-las mentalmente, isto é, conceitualmente.

Segundo a explicação dada por Descartes em *Princípios* I, 60 [AT VIIIA: 29-30], uma distinção real ocorre entre dois entes que podem existir separadamente (como duas substâncias finitas). A distinção modal, por sua vez, também supõe separabilidade: trata-se da distinção entre uma substância e seus modos ou da distinção entre os diferentes modos de uma substância. Tanto a substância é separável de cada um de seus modos, como os modos de uma substância são separáveis entre eles. Os modos, entretanto, não podem existir sem a substância e, por isso, entre os modos e a substância, e entre os diferentes modos de uma mesma substância, não há uma distinção real, mas sim modal. E, finalmente, a distinção conceitual, ou de razão, é aquela cuja ideia básica é a de que podemos e usamos diferentes conceitos para referir-nos a coisas essencialmente conectadas (ou inseparáveis) ou a uma única coisa[16]. Se Deus é uno e nele as propriedades não se separam, mas ainda assim podemos falar de suas diferentes propriedades, é porque há uma distinção nem real nem modal, mas sim de razão, que nos permite por diferentes termos referirmo-nos a uma única coisa. Deus, embora simples, pode ser concebido de diversas maneiras. Nesse sentido, ainda que concebamos Deus de diversas maneiras, cada uma dessas maneiras é na verdade ela mesma e todas as outras simultaneamente.

Porque sabemos que Deus é infinito, o concebemos como simples e uno e como imutável, indivisível, imaterial e pura atualidade: Deus não tem partes ou modos e nada nele é em potência já que isso envolveria não ser algo. Como diz Descartes, "Deus, que é o autor de todas as coisas, é inteiramente perfeito e imutável" [AT III: 649]; "[V]isto que ser divisível é uma imperfeição, é certo que Deus não é um corpo"[AT VIIIA: 13]; "[D]eus, por outro

[16] Veja-se *Princípios*, Parte I, 60, 61 e 62 [AT VIIIA: 29-30].

lado, considero ser atualmente infinito, de tal modo que nada pode ser acrescentado a sua perfeição" [AT VII: 47]. Assim, sabemos que Deus é uno, imutável, ato puro, indivisível e imaterial. Isto significa dizer que, dada a econômica ontologia cartesiana de dois tipos de substância (coisa pensante, mente ou alma e coisa extensa ou corpo) e seus modos, Deus é um único e imutável ato intelectual puro. Como afirma Descartes, "Deus é pura inteligência" [AT X: 218], portanto, segundo Descartes, é a substância pensante infinita pura. Mais ainda, como consequência de sua simplicidade, nele pensar, querer e criar são um único ato, como Descartes afirma, por exemplo, nos *Princípios*: "...Deus ... por um único e sempre o mesmo e simplicíssimo ato, simultaneamente entende, quer e opera tudo" [AT VIIIA: 14]. Deus é pelo menos um ato puro de pensar/querer/criar coisas. Assim, com base nos atributos que conhecemos de Deus, podemos afirmar que: (1) Os atributos de Deus são idênticos uns aos outros; (2) Deus é infinito e puro pensamento em ato; (3) age por um ato único simples e eterno.

Além de conhecer esses atributos de Deus, Descartes admite também que reconhecemos que eles têm grau infinito, de modo que, por exemplo, o que compreendemos como seu intelecto é um intelecto infinito, como é claro na *Quarta Meditação*:

> Pois, por exemplo, se considero a faculdade de conceber que há em mim acho que ela é de uma extensão muito pequena e grandemente limitada e, ao mesmo tempo, eu me represento a ideia de uma outra faculdade muito mais ampla e mesmo infinita; e pelo simples fato de que me posso representar sua ideia, conheço sem dificuldade que ela pertence a Deus. [e], da mesma maneira, se examino a memória ou a imaginação, ou qualquer outro poder, não encontro nenhum ... que em Deus não seja imenso e infinito [AT VII: 57].

Em virtude dessa infinitude do intelecto divino, pode-se afirmar que Deus pensa em todas as coisas. Mas se pensar, querer e criar são um único ato, ao pensar em todas as coisas, Deus quer e cria todas as coisas. Deus é, por isso mesmo, onipotente e criador de todas as coisas. A questão então passa a ser o que significa dizer que Deus pensa todas as coisas.

Nesse contexto, "Deus pensa todas as coisas" pode significar que Deus pensa em tudo o que a mente finita estruturada por princípios lógicos pode pensar e apenas nisso. Nesse caso, teríamos que admitir que Deus necessariamente está sujeito aos princípios lógicos, pois o que é concebível pela mente finita assim o é segundo sua constituição finita. Se Deus pensasse apenas como nós, estaria sujeito à constituição finita de nossas mentes. Mas isso, como vimos, iria contra a tese da infinitude de Deus. Mas "Deus pensa todas as coisas" também pode significar que Deus pensa no que ele quer, limitando assim seu pensar pela sua vontade. Nesse caso, teríamos que admitir que em Deus a faculdade da vontade não se distingue apenas conceitualmente do intelecto, mas é prioritária em relação a este, o que contraria a tese da identidade dos atributos. Assim, parece, temos que admitir que a proposição "Deus pensa todas as coisas" significa que o pensamento de Deus, não sendo limitado por coisa alguma, necessariamente pensa o que para nós é pensável e, portanto, logicamente possível, e aquilo que para nós é impensável, isto é, logicamente impossível. E mais ainda: se ao pensar Deus quer e cria, então há um sentido em que Deus *necessariamente* pensa, quer e cria o que é pensável pelo intelecto finito e o que não é pensável pelo intelecto finito. Note-se que afirmar que Deus cria o que para nós é inconcebível não é o mesmo que afirmar que sabemos o que é o impensável por nós. O que podemos conceber é que Deus cria aquilo que não podemos conceber, já que passa da fronteira do que é por nós concebível.

Essa leitura da doutrina cartesiana da livre criação das verdades eternas, segundo a qual em um certo sentido Deus necessariamente cria todas as essência e verdades (as pensáveis e as não pensáveis pela mente finita), parece colidir com a base dessa doutrina da livre criação, a saber, que Deus livremente cria essências e verdades. Entretanto, sugiro, com base no conceito cartesiano da natureza de Deus, que envolve imaterialidade, poder infinito e indiferença, é razoável afirmar que se trata apenas de uma colisão aparente. Segundo Descartes, a liberdade de Deus envolve uma indiferença positiva de tal modo que Deus age sem qualquer determinação externa. Descartes afirma: "É contraditório supor que a vontade de Deus não seja indiferente desde a eternidade com relação a tudo que é o caso ou será o caso [...]". E é exatamente porque Deus age sem qualquer determinação externa a partir do que já ocorreu ou ocorrerá que, como sustenta Descartes na mesma passagem, "a suprema indiferença de Deus é a suprema indicação de sua onipotência" [AT VII:

431/432]. Ora, se a liberdade de Deus consiste pelo menos em seu agir indiferentemente, isto é, sem coação externa, então dizer que, seguindo sua própria natureza (de ser simples e ato puro de pensar todas as coisas), Deus necessariamente pensa/quer/cria todas as essências e verdades significa que Deus livre, mas necessariamente cria todas as verdades e essências. Como explica Descartes a Burman:

> Não devemos fazer uma separação entre a necessidade e a indiferença que se aplicam aos decretos divinos: embora suas ações sejam inteiramente indiferentes, são também inteiramente necessárias [AT V: 167].

Note-se que dizer que Deus necessariamente cria todas as essências não significa dizer que necessariamente cria as essências que criou e não outras e que, portanto, a livre criação das verdades eternas envolveria uma escolha necessária por parte de Deus. Dizer que Deus necessariamente cria todas as essências e verdades significa justo o contrário: que Deus necessariamente, isto é, indiferentemente, sem qualquer coação e sem qualquer interesse, cria tudo o que pensa, sem, portanto, escolher deixar nada do que pensa fora da criação.

Antes de prosseguirmos, cabem algumas palavras sobre o que essa leitura de um modo geral sugere. Visto que o Deus cartesiano é o criador de todas as coisas, inclusive da estrutura e dos pensamentos particulares das mentes finitas, é claro que tudo que a mente finita pensa conhecer sobre Deus, essências, mentes e o mundo atual é governado pelo operador "eu clara e distintamente percebo que". Aquilo que pensamos conhecer acerca de qualquer coisa é aquilo que Deus nos permite conhecer através de ideias claras e distintas. Mais ainda, isso é de tal modo que, em termos estritos, é a limitação da mente finita que faz com que esta considere que Deus não pode escolher estar submetido aos princípios lógicos. Cabe lembrar, entretanto, que segundo Descartes, a mente finita não tem meios para acessar o que seria uma verdade ou uma falsidade absoluta. Aquilo que é percebido clara e distintamente segundo sua estrutura lógica é o que é percebido como uma verdade inquestionável pela mente finita. Isso parece estar claro, por exemplo, nas *Respostas às Segundas Objeções* quando afirma:

Primeiramente, tão logo pensamos claramente qualquer verdade somos naturalmente levados a crer nela. E se tal crença for tão forte que jamais possamos alimentar qualquer razão de duvidar daquilo que acreditamos desta forma, nada mais há que procurar: *temos, no tocante a isso, toda a certeza que se possa razoavelmente desejar.* Pois o que importa, se talvez alguém fingir que mesmo aquilo, de cuja verdade nos sentimos tão fortemente persuadidos, parece falso aos olhos de Deus ou dos anjos, e que, portanto, em termos absolutos, é falso? *Por que devemos ficar inquietos com essa falsidade absoluta, se não cremos nela de modo algum e dela não temos a menos suspeita?* [AT VII: 144. Ênfase acrescentada].

A natureza de Deus e a criação

Como vimos, então, dada sua infinitude, Deus não tem qualquer limitação e o que ele pensa, ele quer e cria. Assim, Deus livremente, embora necessariamente, pensa todas as coisas, criando assim todas as essência e verdades. A seguir passo a argumentar em favor da tese de que Deus cria essências e verdades nele mesmo, como seus próprios pensamentos, o que significa que ele causa a si próprio, e no mesmo único ato, instancia algumas dessas verdades e essências nas mentes finitas e algumas (ou todas) no mundo atual.

Se, como dito acima, Deus é puro pensamento em ato, então sua essência é constituída pelos "conteúdos de seu pensamento", por assim dizer. Mas se Deus é simples e imutável, Deus não tem partes ou modos e, portanto, seu ato de pensar e os conteúdos exibidos por esse ato são uma e a mesma coisa. Como vimos com relação aos diferentes atributos a considerarmos em Deus, a diferença entre o ato de Deus e o próprio Deus só pode ser uma distinção de razão, isto é, uma distinção que não corresponde a uma distinção em Deus, mas que consiste apenas de um modo da mente finita pensar Deus. Deus não tem modificações e nada é nele em potência, o que implica que os diferentes atos que podemos pensar como sendo seus diferentes atos são, na verdade, idênticos ao único ato que ele é. Mais ainda, se não há modificações ou divisões em Deus, então o que quer que esteja envolvido no ato de ser de Deus é também idêntico a Deus. Como vimos, Deus é um ato de pensar e, nessa medida, é idêntico a esse ato e a tudo envolvido nesse ato. Não há, portanto, algo que seja o conteúdo exibido no que seria o intelecto de Deus quando ele pensa. Deus é idêntico a um único ato de pensar que, precisamente, do ponto de vista de Deus, consiste em um único ato/conteúdo de ser pensamento desde a eternidade. No entanto, se, como vimos, aquilo que seria o "conteúdo de seu pensamento" são todas as essências e verdades, então Deus é o mesmo que essas essências e verdades[17]. Isso parece ser confirmado pelo que Descartes diz a Burman:

> Tudo que está em Deus não está na realidade separado de Deus ele mesmo; ao contrário, é idêntico ao próprio Deus . . . Então, mais uma vez, embora possamos conceber que os decretos poderiam ser separados de Deus, isso é apenas um modo de falar de nosso próprio pensamento: a distinção introduzida assim entre Deus e seus decretos é uma distinção mental, não real. Na realidade os decretos não podem ser separados de Deus: ele não é anterior a eles, nem poderia existir sem eles [AT V: 166].

Assim, dizer que Deus, porque pensa todas as coisas, cria todas as coisas, parece, portanto, no sistema cartesiano, significar que Deus cria pelo menos todas as essências nele próprio. Além disso, se, como vimos, em virtude da imutabilidade, simplicidade e imaterialidade de Deus, seu ato criativo envolve ao menos criar as essências e verdades como ele próprio, a essência de todas as coisas, então temos que admitir que Deus é autocausado, o que de fato consiste em uma das teses inovadoras de Descartes com relação à tradição. O fato dessas duas teses – a saber, a da livre criação das verdades eternas e a de Deus como *causa sui* – estarem, de modo relevante, conectadas sugere que a tese cartesiana de que Deus é causa de si não é simplesmente uma consequên-

[17] Para uma concepção próxima, mas diferente, acerca da plausibilidade da tese de que, segundo Descartes, Deus é idêntico às verdades eternas, veja-se T. Schmaltz (1991) e Rozemond (2008). Por um lado, com base em uma distinção entre o que seriam os "atributos fracos" e os "atributos fortes" de Deus, Schmaltz sustenta que as verdades eternas são idênticas a Deus. Haveria uma diferença no modo como Deus causa seus atributos: alguns deles são atributos fortes que não podem ser alterados nem mesmo na eternidade, visto que derivam da essência de Deus como, por exemplo, a existência de Deus; os outros, os atributos fracos, embora imutáveis de fato, poderiam ter sido alterados na eternidade como, por exemplo, ser criador do mundo e ser o que estabelece os decretos divinos, isto é, as verdades eternas. Deus é a causa de todos os seus atributos, mas sua vontade indiferente é a causa apenas do que seriam seus atributos fracos. Assim, Deus é a causa de seus decretos e esses não são distintos dele mesmo (p.155). Rozemond, por sua vez, sustenta que as verdades eternas são essências que têm realidade objetiva *na* mente de Deus e, portanto, são o conteúdo dos decretos de Deus. Rozemond sustenta que entre Deus e o conteúdo de seus decretos há uma distinção de razão, isto é, uma distinção que embora não corresponda a uma distinção em Deus, corresponde a nossos pensamentos sobre Deus. Como ela diz, "não há, na realidade, distinção no interior do ente ao qual aplicamos a distinção de razão, mas apenas no interior do nosso conhecimento" (p. 55).

cia de sua abordagem mais geral acerca da causalidade, como afirmam por exemplo Gilson (1930) e, mais tarde Machamer & Mc Guire (2009). Antes, ele é uma exigência decorrente da sua tese da livre criação: a tese da autocausação de Deus parece ser o único modo disponível para garantir a tese de que Deus cria livremente as verdades e essências que, como vimos, são idênticas a ele próprio. Voltarei a essa questão no decorrer deste livro.

Até aqui podemos dizer, portanto, que a tese de que Deus cria essências e verdades significa, no contexto cartesiano, que tudo o que Deus pensa (e, portanto, cria) é a verdade e que tudo o que é verdade é criado por ele. A verdade depende de Deus ser e, o que é a mesma coisa, pensar e criar. É porque Deus pensa (e assim cria) que algo é verdadeiro. Como diz Descartes em suas respostas às *Sextas Objeções*,

> [N]ão há coisa alguma que não dependa de [Deus]. Isso se aplica não apenas a tudo que subsiste, mas também a toda ordem, toda lei, e toda razão para algo ser verdadeiro ou bom... [E]las [as verdades eternas] só dependem de Deus que, como o legislador supremo, as ordenou desde a eternidade [ATVII: 435].

Prosseguindo, segundo Descartes, Deus em um único ato cria livremente não apenas essências e verdades, mas também tudo que existe no mundo físico atual e todos os conteúdos das ideias das mentes finitas atuais[18]. Que Deus cria todas as coisas do mundo físico é claro, por exemplo, em suas respostas às *Terceiras Objeções*: "Ao demonstrar a existência de Deus, demonstramos também que Deus criou todo o mundo, ou todas as coisas que existem e que são diferentes dele" [AT VII: 188]. Mas não apenas as coisas que existem no mundo material, Deus cria também qualquer pensamento na mente finita, como diz em carta a Elizabeth:

> [O] menor de todos os pensamentos não poderia entrar na mente de uma pessoa sem que Deus assim o quisesse e tivesse querido desde a eternidade [...] [D]eus é a causa universal de todas as coisas de

[18] Assumo, sem discussão aqui, que a tese de Descartes de que Deus cria todas as ideias da mente finita significa apenas que Deus cria a mente finita de tal modo que ela tem nela mesma a faculdade de produzir as ideias que produz, e não outras. Veja-se AT VII: 189.

> tal modo a ser a causa total de todas as coisas; logo, nada pode ocorrer independentemente de sua vontade [AT IV: 314].

Passo então a examinar como em um único e mesmo ato o Deus cartesiano pensa todas as essências e verdades ao ser ele próprio todas essas essências e verdades, e pensa algumas (ou todas) no mundo, e algumas nas mentes criadas. Assim, examinarei como Deus em um único ato cria essências e verdades e as cria em diferentes modos de existência: todas nele mesmo (como sua essência), algumas instanciadas nas mentes finitas, e algumas (ou todas) instanciadas no mundo físico atual. Nesse contexto sustento que a tese cartesiana da livre criação das verdades eternas sugere que podemos estar certos de que, das essências e verdades por ele criadas, Deus instancia/cria apenas algumas na mente finita, a saber, aquelas que fazem sentido para essa mente, isto é, aquelas que são clara e distintamente concebíveis por ela e aquelas que de algum modo obscuro e confuso a mente finita pode conceber. E sugere também que podemos perceber como possível que Deus tenha instanciado/criado no mundo muito mais do que o que podemos conceber clara e distintamente e, portanto, como possível de existir. Deus pode ter instanciado/criado essências no mundo de modo que não façam sentido para a mente finita. Como vimos, dada sua onipotência e simplicidade, Deus é autocausado e é o que ele pensa, isto é, tudo (ainda que eminentemente)[19]. Se Deus é a causa de todas as coisas enquanto pensa, e se existem outras coisas além de Deus, então, ao criar seu próprio ser infinito enquanto pensa, Deus também cria o que é finito. Assim, por um lado, em virtude de sua simplicidade, tudo que Deus pensa ele cria e é. Por outro lado, parece também ser o caso que, no mesmo único ato, desde a eternidade, Deus cria as diferentes essências com diferentes modos de existência: como ele mesmo, algumas instanciadas nas mentes finitas e algumas (ou todas) instanciadas no mundo atual.

Se Deus é pensamento puro em ato, ele é essencialmente (ainda que eminentemente)[20] todas as coisas pensadas por ele. Em termos precisos, diz

---

[19] Na seção seguinte apontarei para uma possível compreensão do que significa ser/conter eminentemente algo.

[20] Essa leitura se alinha com a de T. Schmaltz (1991) que sustenta que as essências ou as verdades eternas e Deus são uma e a mesma coisa. L. Nolan (1997) rejeita essa leitura de Schmaltz nela denunciando três problemas dos quais o seguinte me

Descartes em carta a Mersenne, Deus cria existências (na mente finita e/ou no mundo atual) e estabelece as essências eternas nele mesmo como ele mesmo:

> Você pergunta o que Deus fez para produzi-las [as verdades eternas]. Respondo que desde a eternidade ele as quis e as pensou como sendo, e exatamente por isso eles as criou. Ou, se você reserva o termo "criou" para a existência de coisas, então ele as estabeleceu e as fez [*illas disposuit & fecit*]" (AT I, 152–53)[21].

No que diz respeito à mente finita criada, visto que é limitada pelos princípios lógicos, é claro que Deus não a dota com tudo o que ele pensa: "[N]ão é apenas que nosso entendimento alcança menos objetos do que o de Deus: ao contrário, ele é extremamente imperfeito nele mesmo, sendo obscuro, misturado com ignorância, etc." [AT V: 158]. Uma mente finita, como vimos, é estruturalmente limitada. Ela não apenas não pode pensar certas ideias que Deus pensa, mas, além disso, dentre aquelas que ela pode pensar, algumas não podem ser pensadas clara e distintamente. Diferentemente do que faz com relação à mente finita, entretanto, Descartes não parece afirmar que o mundo extenso é estruturalmente limitado. É certo que o mundo exten-

---

parece o mais grave: essa leitura atribuiria a Descartes a tese herética de que Deus seria idêntico a suas criaturas. Segundo Nolan, Schmaltz, em correspondência, responde a essa objeção recorrendo a uma distinção feita por Descartes em carta a Mersenne de 27 de maio de 1630 entre causar e criar e afirmando que Deus causa as verdades eternas, mas não as cria, o que evitaria a identificação entre Deus e criaturas: Deus é causa das essências e *causa sui*, mas não o criador das essências, o que parece um embaraço diante da tese cartesiana da livre *criação* das verdades eternas. Parece, entretanto, possível escapar da objeção de Nolan recorrendo-se à tese também cartesiana de que Deus contem eminentemente todas as coisas: o que Deus cria ao criar sua própria essência como as essências de todas as coisas é criar-se com o poder absoluto de criar na existência todas as coisas: como veremos mais tarde nesse trabalho, conter eminentemente todas as essências pode significar apenas que a essência de Deus é o poder absoluto de criar todas as coisas. Embora Deus em um certo sentido não seja idêntico à sua criação, sua essência imaterial e infinita contém eminentemente é a causa da existência de todas as coisas.

[21] Note-se que, apesar de afirmar que Deus é idêntico às verdades eternas, o que significa que, em um sentido, Deus estabelece as verdades eternas, o tratamento que Descartes dispensa à questão da causalidade de Deus não é emanativo, como em Spinoza. Ao contrário, Descartes parece pretender manter a tese tradicional da transcendência de Deus em relação à criação, e acomodá-la com a tese de que Deus contém eminentemente nele mesmo todas as essências por ele criadas.

so é finito, pois, de acordo com ele, além de se autocausar, Deus cria todas as outras substâncias que não são ele, o que significa que só por serem criadas como outras que não ele essas outras substâncias não são infinitas. A substância extensa, como qualquer coisa criada diferente de Deus, é finita nesse sentido. Entretanto, como vimos, com relação à substância pensante, Descartes afirma que, além de ser finita nesse sentido, sabemos que ela é estruturalmente limitada. Isso não parece ser o caso do mundo extenso, que Descartes parece admitir ser finito, mas não estruturalmente limitado. Tudo o que ele afirma é que, visto que não podemos perceber clara e distintamente seu limite, ele pode ou não ter limites:

> Ora, se supomos que o mundo é finito, estamos imaginando que além do seu há espaços que são tridimensionais e, portanto, não pura imaginação (...) Não havendo então argumentos para provar, e nem mesmo tendo capacidade de conceber, que o mundo tem limites, digo que é indefinido. Mas não posso negar, nesse contexto, que pode haver algumas razões conhecidas por Deus embora incompreensíveis para mim; por isso não digo sem reservas que ele é *infinito* [AT V: 52].

Assim, segundo Descartes, embora reconheçamos a finitude do mundo no sentido deste ser criado, não encontramos nele qualquer limite estrutural, e isso significa que o mundo pode não ter qualquer limite estrutural. Se é assim, é razoável afirmar que, do mesmo modo em que seria uma limitação da infinitude de Deus se ele não pudesse pensar/criar aquilo que para a mente finita parece inconcebível, seria também uma limitação da infinitude de Deus se ele tivesse que criar como existente no mundo atual tudo o que ele pensa, ou se ele não pudesse criar no mundo atual tudo o que ele pensa. Se não podemos encontrar limites no mundo extenso e se o poder de Deus não tem limites, então, ao menos como hipótese, Deus pode ter criado no mundo atual tudo o que ele pensa. Nada determina Deus a pensar/criar como existente no mundo o que ele pensa/cria como existente no mundo.

Sendo assim, por um lado, apesar da simplicidade de Deus, segundo a qual o que Deus pensa ele quer e cria, o fato de Deus pensar, querer e criar as verdades eternas não significa que ele necessariamente as cria no mundo atual ou na mente finita. Por outro lado, é razoável afirmar que Deus pode ter criado no mundo tudo o que ele pensa ou, ao menos, algo que a mente finita não pode clara e distintamente conceber. Deus pensa todas as coisas e, por isso mesmo, cria como ele mesmo todas as essências e verdades, mas dependendo do modo como ele as pensa, essas essências e verdades têm (ou não) contrapartes no mundo físico atual e/ou na mente finita. Além disso, se a mente finita é limitada e Deus não é limitado, é possível que nem tudo o que Deus pensa/cria é cognoscível por essa mente. Como afirma Descartes:

> [E]les [os homens] consideram que seu lugar de moradia, a terra, é de suprema importância, que ela contém tudo que existe ... Mas o que sabemos acerca do que Deus pode ter criado fora da terra, nas estrelas e etc.? ... Talvez almas separadas dos corpos, ou criaturas cuja natureza nos escapa ... E como sabemos que Deus não produziu um número infinito de tipos de criatura e, assim, por assim dizer, espalhou seu poder na criação de coisas? [AT V:168].

Descartes aqui claramente está se referindo à possibilidade de em seu ato de criação Deus não privilegiar os seres humanos. Nesse contexto, Descartes vai além e afirma que Deus pode ter criado coisas cuja existência e natureza escapam à compreensão humana. Se combinamos essa possibilidade com o fato de que Deus pensa/cria todas as essências (como sua própria essência), inclusive o que é inconcebível pela mente finita, então parece que essa possibilidade pode ser estendida à sua criação mesmo no mundo humano. Isto é, Deus pode ter criado no mundo dos homens (a Terra) coisas que não podemos compreender. Note-se que dizer que, segundo Descartes, Deus cria contrapartes de essências e verdades na mente finita e no mundo físico não significa que Descartes admitiria que existem verdades e essências antes de suas contrapartes nas mentes finitas e/ou no mundo. Como vimos, no mesmo único e muito complexo ato, Deus pensa todas as essências e verdades como existindo em diferentes modos de existência: todas como ele mesmo, algumas delas como também existindo nas mentes finitas, e algumas (ou todas) delas como existindo também no mundo atual. Deus pensa e cria de uma só vez seus "pensamentos" e instâncias deles na mente finita e/ou no mundo atual.

Ora, se por um lado, Descartes não afirma expressamente que considera que Deus de fato criou no mundo atual todas as coisas que ele pensa, inclusive as que são inconcebíveis pela mente finita, por outro lado, em alguns textos considera ao menos dois casos que indicam que ele admite que Deus tenha de fato criado no mundo ao menos algumas destas últimas. Segundo Descartes, nós percebemos clara e distintamente que Deus pré-ordena todas as coisas desde a eternidade e também percebemos clara e distintamente que corpo e alma são substâncias realmente distintas e excludentes. Apesar disso, temos experiências da nossa liberdade e da união íntima de nossos corpos com nossas mentes. Isso significa que de algum modo temos acesso ao menos a esses pares que clara e distintamente percebemos como contraditórios[22]: um mundo pré-ordenado onde existem seres livres (os seres humanos), seres estes que consistem na união de duas substâncias que se excluem mutuamente.

Em carta a Elizabeth da Bohemia, onde discute a possibilidade de combinar a tese da distinção real com a da união do corpo com a alma, Descartes sugere que ao menos uma das coisas criadas por Deus aparece à mente finita como envolvendo contradição, o que, portanto, não pode ser concebido clara e distintamente: a união entre o corpo e a alma – a união de duas substâncias opostas e realmente distintas – no ser humano. Ele diz:

> "[N]ão me parecendo que o espírito humano seja capaz de conceber bem distintamente, e ao mesmo tempo, a distinção entre o corpo e a alma e a sua união; isto porque é necessário, para tanto, concebê-los como uma única coisa, e conjuntamente concebê-los como duas, o que se contraria" [AT III: 693].

Embora, segundo Descartes, a mente finita não possa conceber clara e distintamente essa possibilidade, Deus criou o ser humano como a união entre corpo e alma, isto é, como a união de duas substâncias realmente distintas que "não são somente reconhecidas como diversas, porém mesmo, de alguma maneira, como contrárias" [AT VII:13][23]. Como é claro na *Sexta Meditação*, sei

---

[22] Há uma quantidade enorme de literatura secundária acerca da possibilidade de dissolver esses, que ao menos aparentemente, são pares de contradição. Para uma lista dessa literatura veja-se C.P. Ragland (2005). Nesse trabalho, entretanto, levo a sério o que, como veremos, Descartes expressamente diz com relação à questão: essas teses (de nossa liberdade, da preordenação divina, da distinção real entre corpo e alma e a de sua união íntima), nos aparecem como contradições, portanto, além de nossa compreensão mas, apesar disso, correspondem ao que Deus criou no mundo atual.

[23] A partir da tese cartesiana de que a substância é idêntica a seu atributo essencial, fica claro que Descartes admite que corpo e alma são substância que se excluem.

que corpo e alma são realmente distintos pelas ideias claras e distintas de que meu corpo pode existir sem minha alma e vice-versa e pela ideia clara e distinta de que Deus pode criar tudo que percebo clara e distintamente; assim, a mente finita conclui que pode existir independentemente do corpo (e vice-versa), o que significa que ela tem uma ideia clara e distinta do corpo e da mente como realmente distintas. Mais do que isso, entretanto, sei por uma ideia clara e distinta que a substância tem um único atributo essencial e que é este que determina todos os seus modos. Sendo pensamento um atributo essencial e extensão um outro, isso implica que nenhum modo é comum ao corpo e à alma. São, portanto, substância que mutuamente se excluem. Apesar disso, em virtude de experiências sensíveis como dor, sede, fome, etc. a mente finita compreende que está intimamente conjugada a um corpo em particular com o qual forma uma unidade. Assim, diz Descartes, as coisas que pertencem à união corpo e alma "não são conhecidas senão obscuramente pelo entendimento só, ou mesmo pelo entendimento com a ajuda da imaginação; mas são conhecidas mui claramente pelos sentidos"[AT III: 690]. Os modos como a mente finita tem acesso à união e à distinção corpo/alma são diferentes, mas, apesar disso, tanto a união quanto a distinção real são verdades a que a mente finita de algum modo tem acesso.

Como visto nas passagens mencionadas acima, embora a união e a distinção real sejam verdades ao mesmo tempo, a mente finita não pode compreender isso clara e distintamente. A contradição que essa mente finita percebe está no fato de que, por um lado, através de nossas mentes finitas, sabemos que corpo e alma são substâncias realmente distintas e excludentes, mas, por outro, por meio de nosso corpo, percebemos que corpo e alma estão íntima e substancialmente unidos. Segundo Descartes, o fato de a mente e o corpo serem excludentes é tão verdadeiro quanto o fato de que formam uma unidade e, mais ainda, a mente finita conhece essas duas verdades, embora de modos diferentes. Que a distinção real seja conhecida por uma percepção clara e distinta da mente e que a união seja conhecida por sensações confusas não impe-

Isso é discutido em seus comentários à tentativa de Regius de expor seu desacordo acerca da distinção entre as duas substâncias. Para essa discussão veja-se AT 8B: 349.

de que ambas sejam igualmente verdadeiras e conhecidas pela mente finita. Ambas as percepções são garantidas por um Deus veraz que no caso da percepção da união legitima o que é ensinado pela natureza humana que, diz Descartes, não é outra coisa "senão a complexão ou o conjunto de todas as coisas que Deus me deu" [AT VII: 81]. Sendo assim, os seres humanos de algum modo têm acesso a pelo menos esse par de verdades que, entretanto, percebem como sendo contraditório.

Outra indicação de que Descartes considera que Deus de fato criou no mundo atual coisas que à mente finita aparecem como contraditórias ou, como ele diz, coisas que estão "além de nossa compreensão" e que, portanto, do nosso ponto de vista não podem coexistir, encontra-se mais claramente nos *Princípios* quando, ao introduzir a questão da possível compatibilidade entre as teses da divina providência e da liberdade humana, Descartes afirma que "podemos facilmente nos enredar a nós mesmos em grandes dificuldades se tentarmos conciliar essa preordenação de Deus com a liberdade do nosso arbítrio, e compreender simultaneamente uma e outra" [AT VIIIA: 20]. Nesse mesmo contexto, diz Descartes:

> [T]odas as razões que provam que Deus existe e é a causa primeira e imutável de todos os efeitos que não dependem da vontade livre dos homens provam, do mesmo modo, eu penso, que ele é também a causa de todos os efeitos que efetivamente dependem . . . [A] filosofia é capaz de por ela mesma descobrir que o menor dos pensamentos não poderia entrar na mente de uma pessoa sem que Deus assim o quisesse e tivesse querido desde a eternidade. [AT IV: 314].

Assim, segundo Descartes, através de uma ideia clara e distinta (sustentada, portanto, por razões evidentes) a mente finita sabe que Deus existe e é o criador de todos os pensamentos da mente finita, o que inclui suas vontades. Apesar disso, Descartes também sustenta que "[É] uma suma perfeição no homem que ele aja pela vontade, isto é, livremente, sendo assim de um certo modo peculiar o autor de suas ações e por elas merecendo louvor" [AT VIIIA: 18]. Mais ainda, além de conhecer clara e distintamente a preordenação divina, a mente finita também tem uma ideia clara e distinta de sua própria liberdade, o que é claro na passagem dos *Princípios* onde ele afirma:

> "Mas que haja liberdade em nossa vontade [...] é a tal ponto manifesto que deve ser enumerado entre as primeiras e mais comuns noções que nos são inatas" [AT VIIIA: 19]

E ainda:

> "[S]omos de tal modo cônscios da liberdade e da indiferença que está em nós que nada há que compreendemos de maneira mais evidente e perfeita" [AT VIIIA: 20].

Logo, segundo Descartes, o poder de Deus é tal que de algum modo ele preordena escolhas livres, embora não possamos conceber como o faz, visto que para nós isso é contraditório e, por isso mesmo, impossível. Mas, como afirma Descartes, "seria absurdo, em razão de não compreendermos uma coisa que sabemos, a partir de sua natureza, que deve ser incompreensível para nós, duvidar de outra que compreendemos intimamente e experimentemos em nós mesmos" [ATVIIIA: 20]. Mais uma vez, embora a mente finita não possa conceber clara e distintamente que o ser humano é livre num mundo onde tudo é preordenado por Deus, assim é como Deus criou[24].

[24] Ragland (2005) de modo sucinto trata dessa questão afirmando que Descartes não admitiria que Deus *de fato* fez essa contradição ser verdadeira (p.185). Ragland defende sua posição com base em uma passagem onde admitindo que seria uma contradição afirmar que Deus criou seres humanos de tal modo que as ações de sua vontade não dependeriam dele, Descartes conclui que não podemos evitar *acreditar* que todas as coisas (inclusive nossa vontade livre) dependem de Deus. Não entendo como essa inferência possa sugerir que Descartes não admita contradições no mundo criado por Deus. Parece que essa inferência apenas expressa que de algum modo somos cônscios de (ou cremos em) nossa liberdade e da preordenação divina de todas as coisas, mas que não compreendemos como isso é possível ao mesmo tempo. Ragland parece ainda considerar que recorrer à tese de que nenhum atributo pertence a Deus e a nós mesmos do mesmo modo é uma razão para considerar que, segundo Descartes, Deus de fato não criou contraditórios. De acordo com ele, Descartes sustentaria que compreendemos a ação divina através de *nosso* conceito de "causa", um conceito que é inadequado no que diz respeito à atividade de Deus (p.186). Assim, prossegue ele, no sentido de "causa" que se aplica a Deus é possível que Deus preordene minhas ações contingentes futuras e, ao mesmo tempo, que essas ações estejam sob o meu controle. Mais uma vez, não vejo como isso é distinto da ou uma alternativa à minha interpretação segundo a qual Descartes admite que Deus crie contradições. Ao contrário, me parece que a reforça. É exatamente porque podemos dizer que Deus causa coisas da sua maneira e não da nossa maneira (que só poderia ser logicamente relacionando-as), que podemos concluir que ele pode (e de fato o faz) criar contraditórios no mundo.

Com base nas teses da livre criação e da natureza infinita de Deus é, portanto, razoável afirmar que Descartes admite que Deus, em um único e muito complexo ato de ser/pensar, cria essências e verdades eternas em três modos diferentes de existência: como ele próprio, instanciadas no mundo atual e instanciadas na menta finita (mas não necessariamente as mesmas). E, como apontado acima, podemos concluir que também é razoável afirmar que, segundo Descartes, Deus de fato criou no mundo pelo menos algumas coisas (e pode ter criado todas) que ele pensa, mas que à mente finita parecem impossíveis.

Considerações Finais (Seção I)

Como vimos, o fato de que Deus, sendo pensamento infinito em ato, estabelece nele mesmo as essências de todas as coisas não antecipa a existência nem da contraparte objetiva dessas essências na mente finita nem da contraparte formal no mundo físico atual. Nesse contexto, o pensamento de Deus não implica necessariamente criação nem no mundo objetivo da mente finita nem no mundo físico atual, embora implique que ele necessariamente se causa como todas as essências. Isso significa que visto que Deus cria todas as coisas que ele pensa, ele contém (ainda que eminentemente) em sua essência todas as coisas, todas as essências e as verdades. E que, por um lado, dado que a mente finita só pode conceber distintamente o que é permitido por sua estrutura lógica, no mesmo ato, desde a eternidade, de criar todas as essências e verdades, Deus instancia distintamente na mente finita apenas as que ela pode conceber, isto é, as que são logicamente possíveis. Desse modo, o ser objetivo exibido na mente finita por cada ideia é uma instância na mente finita de uma essência pensada e concomitantemente estabelecida por Deus em Deus.

Por outro lado, nesse mesmo único ato de criar essências e verdades como ele mesmo e instanciar algumas delas na mente finita, Deus instancia no mundo atual essências que essa mente finita concebe como possível. E se Deus pensa em infinitas coisas e as pensa independentemente das limitações lógicas que estruturam a mente finita, e se não há nenhum limite estrutural no mundo atual, então é possível que desde a eternidade Deus instancie no mundo atual outras coisas além dessas que a mente finita pode conceber clara e distintamente. Mais ainda, embora não necessariamente por meio de uma ideia clara e distinta, a mente finita de algum modo reconhece que Deus criou no mundo pelo menos dois pares de contradições, a saber, a união de duas substâncias distintas e excludentes e um mundo preordenado onde existem seres livres, o que aponta para a possibilidade de que Deus tenha instanciado muitas outras coisas que à mente finita aparecem como impossíveis de existir.

Com base na argumentação de Descartes, concluímos que para ele, Deus, em um único ato de pensar, existe e assim estabelece essências como seu intelecto infinito (que consiste no que ele é), instanciando na mente finita algumas delas (as logicamente pensáveis) e instanciando no mundo atual algumas ou todas as essências pensadas por ele e, assim, estabelecidas por ele como ele mesmo. A mente finita pode clara e distintamente perceber que Deus necessariamente cria todas as essências como ele mesmo, bem como instâncias de algumas dessas essências como conteúdos de ideias em mentes finitas e instâncias delas no mundo atual, mas talvez não possa clara e distintamente perceber todas as essências instanciadas por Deus no mundo atual.

Cabe ainda uma observação: afirmar que Deus cria livremente essências e que essas podem ou não ter contrapartes atuais não significa dizer que ele cria modalidades em termos absolutos, isto é, do ponto de vista de Deus. Deus cria modalidades na mente finita ao estruturá-la segundo as leis lógicas: a existência do que é pensável pela mente finita (isto é, as essências exibidas em suas ideias) é logicamente possível. Entretanto, ao criar essências em seu próprio intelecto, isto é, ao pensar, Deus não cria possibilidades. É em um único ato que Deus cria todas as essências e verdades, e as cria em diferentes modos de existência: todas nele mesmo, algumas na mente finita e algumas ou todas no mundo atual. Do ponto de vista de Deus, nada é meramente possível, as coisas simplesmente são em diferentes modos de existência, dependendo do modo como Deus indiferentemente as pensa desde a eternidade. Isso não implica, portanto, que ao criar o Deus cartesiano esteja diante de um mundo com infinitas possibilidades que independem dele ou mesmo diante de infinitas possibilidades que dependem dele. No caso do Deus cartesiano, pensar é criar essas essências instanciando ou não algumas ou todas nas mentes finitas e/ou no mundo atual. Embora não crie a modalidade absoluta, ao criar a mente finita estruturada por leis lógicas, Deus cria a modalidade para os seres finitos: as essências exibidas na mente finita abrangem o conteúdo das ideias clara e distintamente concebidas, isto é, das ideias cujas contrapartes formais esta mente pensa ser logicamente possíveis.

Além disso, como vimos, o fato de Deus criar a mente finita, estruturada com base em certos princípios e com um determinado sistema conceitual, sugere que essa mente não pode conhecer tudo que Deus pensa como existindo atualmente. Deus estabelece o que é clara e distintamente concebível por essa mente finita, mas isso por si só não garante que o que é concebível desse modo seja tudo o que atualmente é verdadeiro. Além dos exemplos dos pares contraditórios existentes acima mencionados – preordenação/seres livres e união de substâncias que se excluem – fornecidos por Descartes, a tese de que a mente finita pode não conhecer toda a verdade parece ao menos estar autorizada por aquilo que aparentemente é o que, no sistema cartesiano, indica que a verdade é conhecida pela mente finita, a saber, a regra da verdade segundo a qual toda ideia clara e distinta é verdadeira. Considerada nela mesma, essa regra da verdade introduzida por Descartes não impede que aquilo que só pode ser concebido obscura e confusamente pela mente finita (visto ser contraditório) ou que não pode sequer ser percebido pela mente finita seja verdadeiro. A regra refere-se apenas àquilo que a mente finita pode conceber como verdadeiro: para a mente finita, é verdadeiro aquilo que é claro e distintamente por ela percebido, mas não necessariamente toda a verdade. Toda percepção clara e distinta é verdadeira, mas não apenas essas percepções são verdadeiras, o que é confirmado pela percepção dos pares contraditórios verdadeiros acima mencionados.

A hipótese interpretativa da tese da livre criação das verdades eternas aqui apresentada parece ter que lidar ao menos com o seguinte embaraço: se ela está correta, então talvez tenhamos que sustentar que Descartes admite a possibilidade de um mundo atual criado por Deus que não faz sentido para a mente finita, isto é, um mundo ininteligível do ponto de vista dos seres humanos. Dada essa hipótese de que Deus necessariamente pensa em todas as essências e verdades, a saber, as concebíveis e as inconcebíveis por um intelecto limitado por uma estrutura lógica, e dado ainda que Deus pode tê-las pensado todas como atualmente existentes, talvez seja necessário admitir que no sistema cartesiano Deus, afinal, em certo sentido, é enganador: estrutura o intelecto humano com faculdades cognitivas (entendimento e vontade) que operam segundo princípios lógicos que, entretanto, talvez impeçam esse intelecto de conhecer o mundo atual tal qual deus o criou. Deus não seria enganador no sentido estrito de imprimir na mente finita ideias claras e distintas falsas, mas seria enganador em outro sentido: apesar de criar a mente humana com uma certa estrutura e com um determinado sistema conceitual supostamente para conhecer o mundo (o que parece implicar que o mundo é racionalmente compreensível), Deus teria criado as coisas no mundo atual de tal modo que a mente finita desse modo estruturada é incapaz de conhecer. Isto é, se por um lado, por meio das ideias claras e distintas a mente finita concebe as coisas (essências e coisas subsistentes) como elas são, já que Deus não é enganador, por outro lado, porque por meio de ideias claras e distintas a mente finita não pode conceber aquilo cuja negação é contraditória, à mente finita é vedado conhecer toda a verdade das coisas, isto é, conhecer que algumas (ou todas) coisas são como representadas nas ideias claras e distintas e como o seu contraditório.

A julgar pelo modo como Descartes preserva a veracidade divina no que se refere aos sentidos, não parece implausível que Deus, ainda que veraz, tenha criado um mundo atual refratário ao intelecto humano. Talvez seja possível compreender esse engano da razão, a partir da explicação de Descartes relativa a um tipo especial de erro oriundo dos sentidos, a saber, o erro que não resulta de alucinação ou de circunstâncias inapropriadas à percepção correta. Na *Sexta Meditação,* ao examinar por que a natureza do homem (o composto corpo/alma) é falível e enganadora, Descartes admite que Deus poderia tê-la criado de modo a que ela nunca se engane, mas que isso não contribuiria tão bem para a conservação de seu corpo. Deus cria o composto, o homem, de tal modo que cada movimento no corpo causa uma única sensação, ainda que por vezes essa sensação o engane, porque é essa sensação que na maior parte das vezes é mais apropriada e útil à conservação do corpo. Ao examinar como exemplo o erro do hidrópico, Descartes torna claro que a falibilidade do homem é resultante da bondade divina e consistente com sua veracidade, em virtude de sua utilidade para a preservação e aperfeiçoamento do corpo:

> [C]om respeito à totalidade do composto, isto é, do espírito ou da alma unida a este corpo, [...] trata-se de verdadeiro erro da natureza, [...] [o] fato de ter sede, quando lhe é nocivo beber. [...] [N]oto que, de todos os movimentos que se verificam na parte do cérebro do qual o espírito recebe imediatamente a impressão, cada um causa apenas um certo sentimento ... Deus podia estabelecer a natureza do homem de tal sorte que esse movimento no cérebro fizesse com que o espírito sentisse uma coisa inteiramente diferente [...] mas nada disso teria contribuído tão bem para a conservação do corpo quanto aquilo que lhe faz sentir. [...] [A] natureza do homem, en-

> quanto composto do espírito e do corpo, não pode deixar de ser, algumas vezes, falível e enganadora [AT VII: 85-86].

A explicação cartesiana do tipo especial de erro dos sentidos e das paixões humanas recorre à bondade divina. Deus em sua suma bondade cria seres humanos com a capacidade de conservar seu corpo por meio de sensações, ainda que isso implique por vezes em um certo tipo de erro. Mas se é assim, talvez se possa afirmar que do mesmo modo que, segundo Descartes, Deus cria os sentidos operando como operam no homem porque os sentidos têm uma função essencial para a preservação de seu corpo, Deus cria o intelecto humano operando como opera (segundo os princípios lógicos) também em virtude de uma função essencial, a saber, preservar e aperfeiçoar a alma. Buscar compreender o mundo segundo as leis da racionalidade, isto é, compreender o mundo como tendo sentido, talvez seja o melhor meio para o homem conservar e aperfeiçoar seu intelecto, isto é, suas faculdades cognitivas, ainda que esse mundo atual de fato não tenha sentido.

Assim, dada a tese da livre criação das verdades eternas, podemos afirmar, em primeiro lugar, que Deus cria nele próprio todas as essências e todos os princípios e não estando submetido a esses princípios, necessariamente não cria segundo eles. Segundo, que Deus cria algumas dessas essências e alguns desses princípios como existindo formalmente no mundo e/ou objetivamente na mente de um intelecto formalmente existente no mundo (intelecto do homem) e outros como existindo apenas nele próprio. Além disso, que Deus cria os princípios lógicos como estruturando o intelecto finito, mas não necessariamente como estruturando o mundo atual. Apesar da veracidade divina, em virtude de sua suma bondade, Deus pode ter pensado e criado um mundo atual misterioso e seres para quem esse mundo parece ter sentido, de tal forma que seu intelecto se aprimore no exercício da busca por explicações racionais. A projeção no mundo atual de suas sensações e de sua racionalidade como propriedades do mundo seria a melhor maneira de os seres humanos protegerem e, assim, desenvolverem seu corpo e sua alma, tendo como fim último sua preservação.

Em resumo, a partir da leitura aqui sugerida foi possível concluir que a tese da livre criação das verdades eternas envolve a tese de que Deus cria todas as essências como sua própria essência, inclusive as que aparecem como contraditórias ao ser finito; além disso, instancia (cria) algumas dessas essências como ideias claras e distintas no intelecto finito (ideias que aparecem a esse intelecto como não contraditórias); instancia (cria) ao menos algumas como ideias obscuras e confusas nesse intelecto finito, e, ademais , instancia algumas (ou todas) no mundo atual. De modo que este último pode incluir coisas que os seres humanos não podem clara e distintamente perceber (seja pela fé ou pela razão), embora tenha algum acesso a pelo menos algumas delas, por exemplo, à união entre duas substâncias excludentes e ao mundo preordenado que inclui seres livres.

A plausibilidade dessa leitura, entretanto, depende ainda de ser possível mostrar em que sentido as teses dela consequentes – a de que Deus cria as essências como sua própria essência e a de que Deus, ao menos em certo sentido, engana o ser finito – se coadunam com o sistema e o projeto cartesianos. A tese de que as essências criadas constituem a essência de Deus será examinada em conjunção com a tese cartesiana de que Deus é autocausado e contém eminentemente todas as coisas; e a tese de que Deus engana no sentido em que não garante que o ser finito alcance a verdade absoluta através de suas operações cognitivas será examinada em conjunção com o exame de qual seria, afinal, o objetivo de Descartes ao introduzir a hipótese do Deus enganador e dissipá-la. Nas próximas seções sustentarei: 1) que a doutrina cartesiana da autocausação de Deus tem uma relação fundamental com a tese da livre criação das verdades eternas, na medida em que é o único meio que Descartes dispõe para garantir a criação dessas essências e verdades criadas como a essência de Deus; e 2) que a prova da existência de Deus introduzida nas *Meditações* não tem a função que tradicionalmente se atribui a ela, a saber, a de garantir que a mente finita conhece a verdade absoluta através de ideias claras e distintas. Em vez disso, sustentarei que essa prova tem uma dupla função: em primeiro lugar, de exibir um exercício da razão que, por ser indubitável, é o melhor candidato para ser fonte de conhecimento dos seres racionais finitos, em contraste com o uso da razão, que depende dos sentidos e que, por isso mesmo, é dubitável; em segundo lugar, de garantir que a mente finita conhece também por meio de certas inclinações naturais e sensações.

A partir do exame da função da hipótese do Deus enganador e da prova da existência de um Deus veraz, será possível então explicitar o que está implícito na leitura da doutrina cartesiana da livre criação das verdades eternas aqui sugerida, a saber: o projeto cartesiano não tem como fim garantir o conhecimento da verdade absoluta, mas sim garantir que são possíveis conhecimentos que não dependam dos sentidos (como os conhecimentos da natureza e da imaterialidade da alma, da natureza e imaterialidade de Deus e da essência do mundo) e conhecimentos que, de alguma maneira, dependem dos sentidos e/ou de uma inclinação incorrigível (como os conhecimentos do que é benéfico ou maléfico para o homem, da existência do mundo externo, de que o corpo humano é unido substancialmente à alma). Se por um lado a leitura aqui sugerida nega que o objetivo de Descartes seja garantir que o homem atinja a verdade absoluta, por outro lado, não nega que Descartes pretenda garantir que o homem conheça, com a ressalva, entretanto, de que esse conhecimento é limitado pela estrutura de sua natureza, o que faz com que o homem conheça aquilo que Deus quer que o homem conheça, mas não necessariamente o que Deus criou. Embora o objetivo de Descartes ao garantir o conhecimento não seja o de garantir que esse conhecimento seja conhecimento da verdade absoluta, a garantia desse conhecimento que nos é permitido parece ter a função última de promover nossa conservação, isto é, preservar em nós a perfeição da existência: embora os sentidos não conheçam as propriedades das coisas, eles nos permitem perceber o que nos é benéfico, permitindo assim nossa conservação; e embora a razão não conheça a verdade absoluta, a busca pelo sentido e pela verdade permite o desenvolvimento do intelecto e da vontade e, assim, nossa conservação.

Seção 2

Auto causação de Deus

Segundo minha hipótese, como vimos, o Deus cartesiano é intelecto puro em ato e, dada sua simplicidade, não exibe conteúdos em seu intelecto, mas é tudo aquilo que ele pensa (essências, verdades e princípios). Além disso, dada sua onipotência, Deus pensa todas as coisas e nesse sentido é todas as coisas (essências, verdades e princípios). E como Deus cria todas as coisas, Deus cria a si próprio. Respeitando a terminologia de Descartes na carta a Mersenne citada acima, Deus estabelece as essências em si próprio. Nessa medida, sugiro, há uma conexão necessária entre as teses da livre criação das verdades eternas e Deus como *causa sui*. Como ficará claro a seguir, Descartes introduz a tese da autocausação de Deus não para meramente se opor a toda uma tradição pré-cartesiana, mas para responder a uma exigência de seu próprio sistema: Deus como *causa sui* é o único meio disponível para Descartes garantir sua tese de que Deus livremente cria as verdades eternas, visto que estas constituem sua própria essência. Será argumentado, portanto, que a tese cartesiana de Deus como *causa sui* não é apenas uma consequência de sua tese mais ampla sobre causalidade em geral, como querem, por exemplo, Gilson (1951) e Machamer & McGuire (2009), mas é fundamentalmente necessária para garantir outra tese defendida por Descartes, a da livre criação das verdades eternas, na medida em que é o que a torna inteligível. A introdução da tese da autocausação de Deus não expressa, portanto, apenas uma inovação do ponto de vista metafísico que leva ao limite extremo a aplicação do princípio de causalidade, mas expressa sobretudo uma exigência interna à doutrina da livre criação das verdades eternas.

Nesta seção, pretendo examinar o conceito de *causa sui* introduzido por Descartes em suas respostas às objeções de Caterus e Arnauld e, na esteira desse exame, mostrar a conexão necessária entre as teses cartesianas de que Deus é auto causado e a de que Deus livremente cria as verdades eternas.

Em oposição à tradição medieval que o antecede, mas não apenas a esta, Descartes sustenta a possibilidade de algo ser causa de si próprio e com base nela, a tese mais específica de que Deus é autocausado. A rejeição da tradição pré-cartesiana da tese da autocausação, que é mais tarde retomada tanto por contemporâneos de Descartes quanto por filósofos do período a ele posterior, funda-se, em termos gerais, na consideração de que não tem sentido falar de causação da própria existência, já que o conceito de causa eficiente, implica que a causa preceda e, portanto, seja diferente do efeito de modo a que este seja dependente da causa. Como nada pode preceder a si mesmo e como nenhuma existência pode existir e não existir ao mesmo tempo, de modo a existir como a causa e não existir ainda como o efeito, dizem eles, nada pode ser autocausado. Com base nesse argumento, alguns escolásticos defendem que para o caso de Deus é ainda mais claro que a autocausação é impossível. Sendo Deus um ser infinito e causa de todas as coisas, nada o precede e ele de nada depende: Deus é, portanto, incausado. Embora o princípio de causalidade seja aceito por essa tradição, este princípio não se aplica a uma causa primeira que é infinita: na série de causas segundas chega-se a uma causa primeira que é incausada, que transcende, portanto, a cadeia de causas. Dentre inúmeros argumentos para sustentar que Deus é a primeira causa e incausado, Tomás de Aquino (1264), por exemplo, no contexto de sua discussão acerca da tese de que em Deus existência e essência são uma mesma coisa, expressamente afirma a necessidade da anterioridade da causa com relação a seu efeito:

> Se a existência de Deus não é sua essência [...] segue-se que essa existência é algo além de sua essência. Ora o que se torna algo além de sua essência, se torna algo por alguma causa [...] Essa causa, então, ou bem é algo essencial à coisa, ou a própria essência, ou bem é uma outra coisa. Se a primeira [...] segue-se que algo é a causa de sua própria existência. Mas isso é impossível, porque segundo a razão, a causa existe antes do efeito [...][25].

No período pós-cartesiano, a base da rejeição da tese da autocausação também é a necessidade da anterioridade e distinção da causa com relação a seu efeito. Nietzsche (1886), por exemplo, examinando o que seria, segundo ele, a tese da *causa sui* aplicada aos homens que, por sua vez, seria uma conse-

[25] Tradução de Tomás de Aquino, *Suma Contra Gentilles,* da trad. para o inglês Padres Dominicanos, London: Burns Oates & Washbourne LTD, 1924: Livro 1, cap. XXII.

quência da doutrina do livre arbítrio dos homens, ainda com base na concepção de causalidade acima descrita, nega a autocausação já que isso envolveria "algo de fundamentalmente absurdo [...] uma espécie de violação e golpe mortal à lógica". Caterus e Arnauld, contemporâneos de Descartes, a partir ainda de um outro problema, a saber, um argumento apresentado na *Terceira Meditação* em favor da existência de Deus, que envolve a tese de que o que é causa de si é perfeito, retomam o argumento segundo o qual a tese da autocausação é sem sentido, já que é necessário que a causa seja anterior ao e diferente do efeito, o que implica que Deus não tem causa: se a duração do ser infinito é infinita, esse ser é permanente e indivisível de tal modo que os conceitos de "antes" e "depois" não se aplicam a ele.

Embora explicitamente apresentada e desenvolvida nas respostas às objeções de Caterus e de Arnauld, a tese de Deus como autocausado perpassa toda a obra de Descartes. Além de expressamente introduzida e defendida nessas respostas, essa tese, como veremos, está implicada na sua doutrina da livre criação das verdades eternas desenvolvida em sua correspondência entre 1630 e 1640, é sugerida na *Terceira Meditação* em um dos passos do que seria a segunda prova cartesiana da existência de Deus[26], publicada em 1640, e aparece também em 1648 em entrevista publicada em *Conversação com Burmam.*

[26] Há controvérsia entre os intérpretes das *Meditações* com relação a haver uma segunda prova da existência de Deus na Terceira Meditação ou se, como o próprio Descartes afirma, o que se lê como uma segunda prova é apenas uma complementação do primeiro e único argumento apresentado nessa Meditação como prova da existência de Deus. Não assumo aqui nenhuma interpretação acerca dessas possíveis leituras.

Caterus x Descartes

Caterus, autor das *Primeiras Objeções* às *Meditações*[27], apresenta sua rejeição à tese cartesiana de Deus como autocausado a partir de um passo da argumentação de Descartes em favor da existência de Deus apresentada na *Terceira Meditação*, a saber, a afirmação de que o que é autocausado é perfeito, infinito. Essa prova da existência de Deus, em resumo, depende de Descartes mostrar que a substância finita que tem a ideia de infinito não pode existir por si mesma, o que, na argumentação cartesiana, envolve mostrar que essa substância finita que tem a ideia de Deus não é sem causa e tampouco é autocausada. Uma vez mostrado que essa substância finita não é sem causa, mas sim causada e que sua causa lhe é externa e diferente, Descartes passa a mostrar que essa causa, externa e diferente da substância finita, não pode ser nada de finito, concluindo que essa causa só pode ser Deus.

Para eliminar a possibilidade de que a existência do ser finito que tem a ideia do infinito seja sem causa, Descartes recorre ao que seria a tese da descontinuidade do tempo, que envolve, segundo ele, a necessidade de que algo cria/conserva esse ser finito em todos os instantes do tempo[28]. Visto que os instantes do tempo são separados e não coexistentes, nada garante que o ser finito que existe em dado momento existiu antes ou existirá depois, a menos que haja uma causa. Logo, a preservação na existência do ser finito depende de uma causa, isto é, para que esse ser finito exista, é necessário que algo cause a

[27] As primeiras objeções dirigidas a Descartes são as de Caterus e as quartas as de Arnauld, que as faz chegar a Descartes via Mersenne. Arnauld tem acesso às objeções de Caterus e às respostas de Descartes antes da publicação da primeira edição das *Meditações*. A primeira edição das *Meditações* foi publicada com o conjunto de seis objeções e respostas. Um sétimo conjunto de objeções, feitas por Bourdin, só será publicado depois da morte de Descartes, na segunda edição francesa (1661) das *Meditações*.

[28] O que seria a tese cartesiana da descontinuidade do tempo pressuposta nesse contexto da prova da existência de Deus é, ela própria, bastante controversa, mas não cabe aqui discuti-la. Para detalhes da discussão veja-se, por exemplo, Secada (1990), Arthur (1988), Laporte (1950) e Beyssade (1979).

sua existência a cada momento dessa existência. Além de mostrar que o ser finito tem que ser causado, Descartes pretende também eliminar a possibilidade de que essa causa seja o próprio ser finito, isto é, que o ser finito seja causa de si mesmo. E é nessa etapa que surge a tese pressuposta que interessa a Caterus e que motiva Descartes a, em sua resposta, desenvolver o tema da autocausação. O eu finito não pode ser sua própria causa, pois, afirma Descartes na primeira pessoa,

> [S]e eu fosse independente de todo outro ser, e fosse eu próprio o autor de meu ser, certamente não duvidaria de coisa alguma, não mais conceberia desejos e, enfim, não me faltaria perfeição alguma; pois eu me teria dado todas aquelas de que tenho alguma ideia e assim seria Deus ... [AT VII: 48].

Note-se que nessa etapa da argumentação, Descartes parte de duas suposições: a) que a vontade inevitavelmente tende a criar o que pode criar: se a vontade pode criar, ela quer criar e efetivamente cria; b) que criar atributos é mais fácil do que criar a existência: o ser que cria sua própria existência pode criar, quer e cria qualquer propriedade. Sendo assim, o ser que se cria além de criar sua existência se cria com todas as propriedades: tendo criado a própria existência, esse ser que se cria poderia criar nele todos os atributos, e não só poderia, mas de fato os quereria e os criaria. Sendo assim, caso derive sua existência de si mesmo, sustenta Descartes, esse ser é perfeito.

Ao introduzir sua objeção, Caterus afirma:

> A expressão 'de si mesmo' tem dois sentidos. No primeiro, sentido positivo, significa 'de si próprio como de uma causa'. O que deriva a existência de si nesse sentido confere sua própria existência a si mesmo [...]. Mas no segundo sentido, sentido negativo, 'de si mesmo' significa simplesmente 'não de outro'; e este, tanto quanto me lembro, é o modo como todos tomam a expressão [AT VII: 95].

Com base no sentido em que, segundo ele, todos tomam a expressão "derivar de si mesmo", Caterus prossegue distinguindo o que seria derivar a existência de si mesmo a partir de princípios internos e derivar a existência de si mesmo como uma causa. Mesmo se algo derivasse sua existência de si próprio, diz ele, isso não implica que esse algo daria a si todas as perfeições, porque ele próprio não seria uma causa e, por isso mesmo, não existiria antes de si próprio de forma a poder escolher o que ele seria. O cerne da objeção, portanto, é a tese geral de que proceder de si mesmo não significa ser causado por si mesmo na medida em que para ser causa de algo é preciso existir antes disso de que se é causa, o efeito.

Caterus considera que Descartes se inspira em Suarez[29] que, segundo ele, afirma que

> "[T]oda limitação procede de alguma causa; daí, com efeito, se algo é limitado e finito é porque sua causa não pode ou não quis dotá-lo de maior nobreza ou perfeição. Se, portanto, [*ergo*] algo é *por si* e não por uma causa, sem dúvida é ilimitado e infinito" [AT VII: 95].

Essa passagem de Suarez supostamente reproduzida por Caterus parece envolver uma ambiguidade e essa é a razão mesma pela qual Caterus afirma não a aceitar "inteiramente". A julgar por essa passagem e, aparentemente, é como Descartes interpreta essa objeção, Caterus compartilha com Suarez a tese de que uma causa é sempre uma causa externa, diferente do efeito. É só porque adota a tese de que uma causa é sempre externa que Suarez pode afirmar que derivar a própria existência de si é o mesmo que não ser causado: não existem causas internas, intrínsecas. Mais ainda, prossegue o argumento, se algo não tem causa (externa), não é limitado porque toda limitação procede de uma causa (que é sempre externa). Logo, o que não tem causa (externa) é ilimitado, infinito.

Caterus, entretanto, afirma não aceitar "inteiramente" o que diz Suarez, e isso porque, segundo ele, é possível que algo derive de princípios internos e seja limitado. Nesse caso não se teria uma causa, pois, concordando com Suarez, Caterus considera que uma causa é sempre externa a seu efeito. Mas seria algo sem causa e limitado. Assim, para Caterus, diferentemente de Suarez, nem toda limitação tem uma causa. E, ao contrário, nem tudo que não tem causa é ilimitado. Uma causa é sempre causa externa, e, portanto, diferente do efeito, mas, argumenta Caterus, limitações podem advir sem causa, isto é, a partir de "princípios constitutivos internos", como por exemplo, o calor de

[29] Não está claro que a reprodução de Caterus do argumento de Suarez é precisa. Para opiniões opostas, veja-se J-R. Armogathe (1995), que argumenta pela imprecisão da reprodução de Caterus e T. Verbeek (1995) que assume sua correção.

alguma coisa, e isso "será verdade mesmo se imaginarmos que ser o que ele é não depende de qualquer outra coisa" [AT VII: 95]. É possível, portanto, admitir que algo possa advir de sua própria essência e nem por isso ser ilimitado. Mesmo admitindo que algo derive sua existência de princípios intrínsecos, na medida em que derivar de princípios intrínsecos significa não ter causa (já que causa é sempre externa), argumenta Caterus, isso que deriva de si sua existência "não existe anteriormente a si mesmo de tal modo que possa escolher antes o que será subsequentemente" [AT VII: 95]. Logo, sua recusa do argumento cartesiano de que, se a existência de algo depende de si mesmo, então esse algo é perfeito, baseia-se na tese de que depender de si mesmo é não ter causa (já que causas são sempre externas) e isso significa que não há uma causa anterior a sua existência de modo a ser possível escolher uma ou todas as perfeições. Seria possível que uma coisa derivasse de seus próprios princípios internos – fosse sem causa, portanto – e ainda assim não fosse perfeita, o que contradiz o argumento cartesiano segundo o qual se derivasse a existência de si mesmo seria perfeito.

Caterus, como vimos, compartilha com Suarez a tese de que causas são externas aos efeitos, mas, diferentemente de Suarez, aceita que limitações procedam sem causa, isto é, procedam de si mesmo no sentido de "não de outro", mas de sua própria essência. Segundo ele, entretanto, derivar sua existência de si próprio não significa, como quer Descartes, derivar sua existência de si próprio como uma causa, de modo a poder escolher para si todas as perfeições. Derivar sua existência de si significa apenas derivar sua existência de princípios intrínsecos e, como causas são externas, significa ser sem causa. Se é sem causa, não é causa de si e nem se dá todas as perfeições. Caterus conclui, então, que o único modo de Descartes insistir em defender que o ser que deriva sua existência de si próprio é infinito seria "defendendo uma tese que ninguém defendeu ainda com clareza suficiente" [AT VII: 95], a saber, que proceder de si mesmo não é o mesmo que proceder sem causa, mas sim ser positivamente causa de seu ser. Defender, portanto, um sentido positivo de "derivar de si mesmo", que é exatamente o que Descartes fará em sua resposta tanto a Caterus quanto mais tarde a Arnauld que, em suas objeções, retoma o argumento de Caterus.

Visto que a objeção de Caterus envolve que se considere que uma causa é sempre externa e, nesse sentido, anterior ao efeito, logo no início de sua resposta, antes mesmo de desenvolver sua tese da autocausação de Deus e examinar o conceito de *causa sui* envolvido, Descartes rejeita essa base da crítica afirmando que obviamente não é necessário que uma causa seja anterior a seu efeito, mas sim que seja concomitante a seu efeito. É claro, diz ele, que não é possível que algo cause algo se não estiver presente no momento em que cause esse efeito, mas é igualmente claro que não é impossível que a causa nem mesmo exista antes deste momento. Em suas palavras, "[A] luz natural não estabelece que o conceito de uma causa eficiente exija que ela seja anterior no tempo a seu efeito. Ao contrário, em termos estritos, o conceito de causa só é aplicável quando a causa está produzindo seu efeito e, portanto, não é anterior a ele" [AT VII:108].

Descartes prossegue, focando na afirmação, supostamente de Suarez e endossada por Caterus, de que aquilo que distingue o limitado do ilimitado é o fato de ter ou não uma causa que, embora não explícito na afirmação, significa causa externa. Recorrendo ao princípio de causalidade conjugado à tese de que há uma primeira causa desde a eternidade, ambos aceitos pela tradição, Descartes argumenta em favor de sua tese de que a causa não é necessariamente externa como querem Caterus e Suarez. Reza o princípio de causalidade, diz ele, não apenas que o que é limitado tem uma causa, mas que tudo o que é tem uma causa. Por conseguinte, se há uma primeira causa, esta também é causada, mas de tal modo que, sendo a primeira causa, é causada por si mesma. Em suas palavras,

> [S]e algo existe, podemos perguntar por que existe, isto é, podemos buscar sua causa eficiente [...] se eu pensasse que nada poderia ter a mesma relação consigo mesmo que uma causa eficiente tem com seu efeito, não poderia concluir que há uma primeira causa. Ao contrário, eu deveria prosseguir e perguntar pela causa da suposta "primeira" causa, e assim nunca chegaria a algo que fosse a primeira causa de coisa alguma [AT VII: 108].

Se tudo tem uma causa eficiente e se há uma causa primeira, isso significa que mesmo essa primeira causa tem uma causa eficiente que, entretanto, não é externa nem diferente dela própria, do contrário se teria ainda uma primeira causa e a cadeia causal continuaria.

Em adição, recorrendo à tese da descontinuidade do tempo que, como vimos, também foi introduzida na *Terceira Meditação*, Descartes reforça sua argumentação em favor da tese da autocausação de Deus. Cada instante do tempo, diz ele, é separado dos outros de tal modo que se algo que existe continua a existir, é porque tem uma causa que, por assim dizer, como que o "recria" a cada momento. Se é assim, mesmo aquilo que existe desde a eternidade e, portanto, de tal modo que nada existe antes dele, é preservado por uma causa eficiente. Assim, diz Descartes, ainda que a primeira causa, isto é, Deus, "tenha sempre existido, visto que é ele que de fato preserva a si próprio, não parece inapropriado chamá-lo de 'a causa eficiente de si'" [AT VII: 109].

Prosseguindo, Descartes admite e usa em seu favor a ambiguidade da expressão "de si mesmo" apontada por Caterus. Descartes admite que se consideramos o sentido tradicional estrito de "causa eficiente", isto é, como uma causa anterior a seu efeito, da qual, portanto um efeito "deriva sua existência de algo diferente dele", então teríamos que admitir que Deus não é a causa da própria existência como uma causa eficiente. Para aqueles que consideram apenas esse sentido literal de "causa eficiente" é, portanto, impossível que algo seja causa de si próprio. Nesse caso, "de si mesmo" significa apenas "sem causa" e, portanto, tem apenas um sentido negativo. Mas, continua Descartes, se nos ativermos aos fatos e não às palavras, veremos que esse sentido negativo se deve apenas à "imperfeição do intelecto humano e não tem qualquer base na realidade" [AT VII: 110]. Descartes propõe, então, um sentido positivo para a expressão "de si mesmo", que, segundo ele, diz respeito à verdadeira natureza das coisas, isto é, ao poder da essência das coisas.

O argumento cartesiano em favor da tese de que só Deus deriva sua existência de si mesmo como uma causa tem como base uma distinção entre uma mera negação (limitação) e uma existência. Apontando para a ambiguidade da tese supostamente de Suarez de que toda limitação tem uma causa (e que, portanto, o que não tem causa é ilimitado), Descartes concorda com Caterus: limitações que derivam de princípios internos são sem causa, já que limitação é apenas negação de uma perfeição e, nessa medida, não é coisa alguma e, portanto, não tem uma causa (embora aquilo que é limitado tenha).

Limitações, no sentido estrito, não existem; são ausências e, por isso mesmo, não têm causa. Entretanto, continua Descartes, se segundo o princípio de causalidade tudo que existe tem uma causa, se existir algo que não tenha uma causa externa, esse algo que existe (isto é, que não é uma limitação ou mera negação) tem, ainda assim, uma causa: uma causa interna. Ora, se Deus existe (e a existência de Deus não está em questão aqui) é porque tem uma causa. Como Deus é eterno, não há coisa alguma anterior a Deus, logo não tem uma causa externa, mas deriva sua existência de si mesmo. Mais ainda, continua Descartes, é impossível que algo derive *sua existência* de si sem que haja uma razão para existir no lugar de não existir. E a razão para que Deus derive sua existência de si mesmo é a imensidão de seu poder. Assim, só Deus deriva de si mesmo sua existência como uma causa, em razão de sua onipotência: "[N]esse caso somos levados a interpretar 'de si mesmo' em um sentido causal, que por causa da superabundância de poder envolvida [...] só pode existir em Deus" [AT VII: 112].

Arnauld x Descartes

Nas *Quartas Objeções* às *Meditações*, Arnauld reconsidera tanto os argumentos de Caterus quanto os de Descartes, alinhando-se a Caterus na rejeição da tese da autocausação. Arnauld concorda em parte com Descartes: derivar a existência de si mesmo envolve fazê-lo em um sentido positivo. Mas ele nega que isso seja possível. Diz ele: "[P]enso ser uma contradição manifesta que algo derive sua existência de si positivamente e como uma causa" [AT VII: 208].

Arnauld desenvolve sua crítica citando a passagem da resposta a Caterus onde Descartes nega que uma causa eficiente tenha que ser anterior no tempo e diferente de seu efeito. Segundo Arnauld, Descartes, ao observar que a luz natural mostra que uma causa não tem que ser anterior a seu efeito, omite, sem qualquer razão, a tese de que a luz natural mostra não só isso, mas também que uma causa tem que ser diferente de seu efeito. Nas palavras de Arnauld:

> "Por que ele não acrescentou que a luz natural não estabelece que o conceito de causa eficiente exige que esta seja diferente de seu efeito? Seria porque a luz natural não permite que ele faça essa afirmação?" [AT VII: 210].

Arnauld apresenta então dois conjuntos de argumentos contra a tese de Descartes. Um, subdividido em dois, contra a tese geral de que é possível que algo derive sua existência de si mesmo como uma causa e o outro, também subdivido em dois, contra a tese específica de que Deus é o que deriva sua existência de si mesmo como uma causa.

Com relação à tese geral da possibilidade da *causa sui*, o primeiro argumento de Arnauld consiste em mostrar que causalidade é uma relação e, como tal, envolve dois termos. Toda causa é causa de um efeito e todo efeito é efeito de uma causa, o que indica que há uma relação mútua entre dois termos, causa e efeito. Mais ainda, se o efeito depende e recebe sua existência da causa, argumenta Arnauld, efeito e causa não podem ser uma única e mesma coisa, visto que implicaria no absurdo, segundo ele, de conceber algo recebendo sua existência e ao mesmo tempo já tendo essa existência antes do momento em que dizemos que ela recebe a existência:

> "Há uma relação mútua entre causa e efeito. Mas uma relação deve envolver dois termos [...] Pois o que significa a noção de causa? Conceder existência. E o que significa a noção de efeito? Receber existência. A noção de causa é essencialmente anterior à de efeito" [ATVII: 210].

Recorrendo a uma versão forte do princípio de causalidade mencionado por Descartes na resposta a Caterus, segundo a qual não só todo efeito tem uma causa, mas a causa tem que ter em si toda realidade que o efeito tem (ou mais), Arnauld apresenta um segundo argumento contra a tese geral da autocausação. Uma causa só pode conferir existência a algo se ela própria existe, pois o efeito, de algum modo, tem que estar contido na causa. Assim, a causa tem que existir anteriormente a seu efeito e, portanto, não pode haver algo que é causado por ele mesmo. Em suas palavras, "Não se dá o que não se tem. Logo, não se pode dar a si mesmo existência a menos que já a tenha. Mas se já a tem, por que a daria a si mesmo?" [AT VII: 210].

No segundo grupo de argumentos, focado na tese específica de Deus ser autocausado, Arnauld pretende usar contra Descartes sua tese da descontinuidade do tempo: se o tempo é descontínuo, o ser infinito, sem qualquer limite, não é divisível, logo, é eternamente permanente. Mas se é assim, não se aplica qualquer categoria temporal a Deus, o que impede a própria pergunta pela preservação ou passagem de um momento "antes" para um momento "depois" com relação à sua existência. Arnauld complementa observando que a expressão "preservar" envolve potencialidade, o que não pode se aplicar a Deus sem comprometer sua perfeição.

Finalmente Arnauld argumenta, alinhado à tradição, que Deus transcende a cadeia causal em razão de sua essência infinita. Ainda que não explicitamente, Arnauld parece aqui evocar o que seria a terceira prova da existência de Deus apresentada por Descartes nas *Meditações*, posteriormente chamada de prova ontológica. Em resumo, e em termos muitíssimos gerais, deixando de lado os importantes argumentos apresentados em cada passo da prova, na

Quinta Meditação, com base na tese de que a essência de um ser perfeito contém todas as perfeições, Descartes argumenta que a existência do ser perfeito pertence à sua essência, já que existência é uma perfeição. Aparentemente com isso em mente, Arnauld argumenta então que se no ser perfeito a essência contem a existência, não há necessidade de esse ser ter uma causa eficiente. Afirma ele: "Pois as únicas coisas que exigem uma causa eficiente são aquelas nas quais se pode distinguir a existência atual da essência" [AT VII: 213], o que não seria o caso no que se refere a Deus, mesmo segundo Descartes.

Em sua resposta às objeções de Arnauld, Descartes retoma sua resposta a Caterus explicando que o núcleo de sua tese depende de ele "mostrar que entre 'causa eficiente' no sentido estrito e 'nenhuma causa' há uma terceira possibilidade, a saber, "'a essência positiva de algo', à qual se pode estender o conceito de causa eficiente" [AT 7: 239]. Descartes compartilha com Arnauld e Caterus a tese de que Deus deriva sua existência de sua essência infinita, mas rejeita a consequência extraída por Caterus e endossada por Arnauld, de que se deriva de si mesmo, Deus não tem causa. Já em sua resposta a Caterus, resposta esta retomada e rejeitada por Arnauld, Descartes afirmava que o fato de Deus derivar sua existência de si mesmo significa que sua existência depende "não do nada, mas da imensidão real de seu poder" e que, quando "percebemos isso, estamos *razoavelmente autorizados a pensar* que a relação que ele mantém consigo mesmo *em um certo sentido* é a mesma relação que a causa eficiente mantém com seus efeitos" [AT VII: 111. Ênfase acrescentada]. Questionado por Arnauld, Descartes explica essas suas palavras em duas direções que dizem respeito ao sentido, nesse contexto, das expressões: "razoavelmente autorizados a pensar" e "em um certo sentido".

Quanto ao primeiro aspecto dessa explicação, Descartes esclarece que por "razoavelmente autorizados a pensar" quis dizer que é em virtude da finitude do intelecto humano que os homens prontamente entendem a expressão "de si mesmo" apenas no sentido negativo, mas que não há nada de absurdo em pensar no sentido positivo, como já havia respondido a Caterus. É, portanto, razoável pensar ("estamos razoavelmente autorizados a pensar") na possibilidade de uma causa positiva de si mesmo. Recorrendo então à possibilidade de provar a existência de Deus com base em seus efeitos, Descartes argumenta em favor de um sentido positivo no qual algo é autodependente, ou deriva sua existência de si mesmo. Diz ele que, se o argumento pelo qual provamos a existência de Deus se baseia na aplicabilidade do princípio de causalidade a tudo o que existe, tudo que existe tem uma causa. Assim, uma vez provada a existência de Deus, sabemos que este também está na ordem causal e, portanto, não pode ser sem causa: "Pois com que direito fazemos de Deus uma exceção? . . . Em todos os casos, portanto, devemos perguntar se algo deriva sua existência *de si mesmo ou de outra coisa*" [AT VII: 238]. Mais ainda, Descartes argumenta, como vimos em sua resposta a Caterus, que, visto que sua essência ou poder é infinito, a causa de sua existência é esse imenso poder ou essência. E é essa afirmação que nos leva ao segundo aspecto da explicação de Descartes: por que a causa da existência de Deus, sua essência, é "em um certo sentido" uma causa eficiente.

Como vimos em sua resposta a Caterus, Descartes sustenta que o fato de que Deus deriva sua existência de si mesmo significa não que ele não tem uma causa, como quer a tradição que, nesse contexto, é representada por Arnauld e Caterus, mas sim que algo nele mesmo, a saber, sua onipotência, positivamente causa sua existência. Deus não precisa ter nenhuma causa para existir, como quer a tradição, se entendemos aqui "causa" como "causa eficiente" no sentido estrito; mas se é porque sua natureza é infinita que ele existe, então a sua natureza é a causa de sua existência. E, visto que Deus é a causa de sua existência, em princípio, Deus é sua causa eficiente. Como vimos, entretanto, a esse respeito Arnauld argumenta que, ao menos aparentemente, isso não pode ser assim, pois uma causa eficiente deve ser ao menos diferente de seu efeito já que, segundo ele, a causalidade é uma relação entre dois termos. Ainda que possa descartar a primeira restrição, a saber, que uma causa deve ser anterior a seu efeito, argumentando que o único que é exigido é que a causa seja concomitante a seu efeito, Descartes não poderia descartar a segunda restrição: a causa dever ser diferente de seu efeito, dada a relação de dependência entre a causa e o efeito.

Tentando dar conta dessa outra objeção, prosseguindo em sua resposta a Arnauld, Descartes então esclarece o novo sentido de causalidade que está tentando estabelecer, com as seguintes palavras:

> "O fato de a segunda restrição não poder também ser descartada implica apenas que uma causa que não é distinta de seus efeitos não

> é uma causa eficiente no sentido estrito, e isso eu admito" [AT VII: 240].

Visto ser em virtude de sua onipotência que Deus é sua própria causa, então é sua própria essência que é sua causa. E isso significaria que Deus é sua causa formal, em termos aristotélicos, segundo Descartes. Mas visto que o que a essência de Deus causa é sua existência, então o conceito causal aplicável a Deus combina aspectos de uma causa eficiente com aspectos de uma causa formal, e essa seria então a "terceira alternativa" mencionada por Descartes no início de sua resposta a Arnauld, que envolve estender o sentido da expressão "causa eficiente". Deus é a substância infinita e, portanto, em Deus e apenas em Deus as causas formal e eficiente são uma única causa. É em virtude de algo positivo na essência de Deus, sua onipotência, que Deus existe. Assim, Deus não é causa de si como uma causa eficiente no sentido estrito, isto é, como aquilo "que deriva sua existência 'de algo' diferente dele". Mas, apesar disso, Deus ainda assim é causa de sua existência, o que significa que ele é sua causa eficiente em outro sentido: Deus deriva sua existência (é sua causa eficiente) de sua essência como uma causa formal, que Descartes define como o tipo de causa que se aplica àquilo que "tem o tipo de essência que implica que não precisa de uma causa eficiente", "causa eficiente" aqui tomado no sentido estrito do termo [AT VII: 238]. É, portanto, porque ele existe em razão de algo positivo nele, sua própria essência, que Deus é sua própria causa eficiente nesse sentido não tradicional da expressão. Nos termos de Descartes:

> [A] reposta à questão de por que Deus existe deve ser dada não em termos de uma causa eficiente no sentido estrito, mas simplesmente em termos da essência ou da causa formal da coisa. E precisamente porque no caso de Deus não há distinção entre existência e essência, a causa formal será fortemente análoga a uma causa eficiente, e assim pode-se chamá-la de algo próximo da causa eficiente [ATVII: 243].

Descartes, portanto, em suas respostas a Caterus e a Arnauld, insiste e desenvolve a tese sugerida na *Terceira Meditação* de que Deus é auto-causado. E, mais ainda, sua tese da auto-causação envolve considerar que em Deus essência e existência são uma única e mesma coisa. Deus é autocausado porque é em razão de sua própria essência que ele existe. Se em Deus essência e existência são uma e mesma coisa, em princípio, ser causa de si significa ser causa de sua essência e de sua existência em um único ato, o ato de ser.

Considerações Finais (Seção II)

Como vimos, visto que Deus é causa de todas as verdades e essências em si próprio e visto que na essência de Deus não há partes, a doutrina cartesiana da livre criação das verdades eternas envolve que ao causar as essências eternas, Deus causa a si próprio.

A explicação de como Deus cria livremente as verdades eternas envolve, portanto, a explicação de como é possível que Deus cause a si mesmo. É, então, nesse sentido que a insistência de Descartes em manter a tese da autocausação de Deus apesar das fortes objeções de Caterus e Arnauld, não se deve apenas à intenção de levar ao extremo a aplicação do princípio de causalidade, mas obedece a uma exigência de sua doutrina da livre criação das verdades eternas, doutrina que é defendida por ele desde o início de seus escritos e reiterada até o último destes. Há, portanto, uma ligação necessária entre a doutrina da livre criação das verdades eternas e a tese de Deus como *causa sui* que se funda no fato de que, como vimos, Descartes defende esta última recorrendo à natureza ou essência de Deus e no fato de que, como vimos, a natureza de Deus é idêntica às verdades e essências eternas criadas por ele.

Visto que Deus é sem partes e visto ser ele puro pensamento em ato, ao criar (ou estabelecer) as verdades eternas nele mesmo, isto é, ao criar o que seriam seus próprios pensamentos, Deus cria a si próprio. Dada a simplicidade de Deus, seus "próprios pensamentos" constituem sua essência e, em termos estritos, do ponto de vista de Deus, consistem em um único pensamento desde a eternidade. Deus pensa e é todas as coisas (as que existem no mundo atual e as que não existem, as que podemos pensar e as que não podemos pensar) em seu único ato de pensar: em virtude de sua onipotência Deus pensa, quer e estabelece nele próprio as verdades e essências de todas as coisas. Dessa forma, no lugar de afirmar que as coisas pensadas por Deus, isto é, todas as essências imutáveis e todas as verdades, estão em sua mente, o mais correto seria dizer que todas as essências eternas e verdades, porque pensadas por Deus, são idênticas a Deus. Mais ainda, se Deus é criador de todas as essências e verdades, e se é idêntico a essas verdades e essências, Deus é causa de si mesmo. De acordo com a terminologia de Descartes, em sentido estrito Deus estabelece as verdades eternas como sua essência e, nesse sentido, é causa de si mesmo.

Se Deus causa a si próprio como todas as essência e verdades, contém nele mesmo todas as coisas: as que subsistem e as que não subsistem no mundo atual e na mente finita. Mais ainda, se Deus é todas as coisas e é a causa de todas as coisas, Deus contém, ainda que eminentemente, todas as propriedades presentes em cada essência criada, seja esta instanciada ou não. Como vimos, Deus é puro pensamento e pensa em todas as perfeições. Pensar e criar é o mesmo ato em Deus, o que implica que ele cria todas as perfeições. Criar todas as perfeições significa, como vimos, causá-las nele mesmo e não necessariamente no mundo atual nem na mente finita criada. Deus, portanto, pensa e causa a si próprio como sendo/contendo todas as perfeições, seja formalmente, seja eminentemente.

Descartes muito raramente se ocupa em explicar o conceito de conter eminentemente e, quando menciona, sempre o liga a causas que contêm eminentemente o efeito em contraste com causas que contêm formalmente o efeito. Esse contraste nas *Meditações* é exposto na *Terceira Meditação,* quando ao introduzir o princípio de causalidade ele afirma: "[É] coisa manifesta pela luz natural que deve haver ao menos tanta realidade na causa eficiente e total quanto no seu efeito" explicando, logo a seguir, por meio de um exemplo, que a causa deve conter formal ou eminentemente o efeito:

> [P]or exemplo, a pedra que ainda não foi, não somente não pode agora começar a ser, se não for produzida por uma coisa que possui em si formalmente ou eminentemente, tudo o que entra na composição da pedra, ou seja, contem em si as mesmas coisas ou outras mais excelentes do que aquelas que se encontram na pedra [...][ATVII 40-41].

Em suas respostas às *Segundas Objeções,* no contexto da discussão acerca da realidade objetiva das ideias, Descartes explica o que entende pela expressão 'estar formalmente' e estar eminentemente em algo:

> As mesmas coisas são ditas estarem formalmente nos objetos das ideias, quando estão neles tais como as concebemos; e são ditas estarem eminentemente, quando, na verdade, não estão aí, como tais,

> mas são tão grandes, que podem suprir essa carência com a excelência delas [ATVII: 161].

Se conjugarmos essas passagens acerca do que significa conter eminentemente as coisas ou estar eminentemente nas coisas com alguns dos atributos que, segundo Descartes, conhecemos de Deus, a saber, sua simplicidade e que é puro ato de pensamento, somos levados a pensar que conter/ser eminentemente todas as essências significa apenas ter o poder imenso de criar todas as coisas nele mesmo, no mundo atual e na mente finita. Se Deus contém eminentemente todas as coisas, se Deus é um único puro ato de pensamento/criação de todas as coisas, então, conter eminentemente só pode significar que tudo que ele pensa (e por isso cria nele mesmo) ele pode, pelo mesmo ato, instanciar no mundo atual e/ou na mente finita. Isso não significa, é claro, que o pensamento de Deus de algum modo precede seu ato de criar no mundo ou na mente finita: em um único e mesmo ato, em virtude de seu poder imenso, Deus cria nele mesmo as essências (ele pensa), instancia algumas (ou todas) no mundo, instancia algumas na mente finita, e as relaciona umas com as outras de um modo determinado. Em um único ato, portanto, Deus cria as verdades eternas com diferentes modos de existência: todas em sua mente (como ele mesmo), algumas ou todas no mundo atual e algumas na mente finita.

Note-se que, apesar de identificar as essências e verdades com Deus, Descartes não considera, como a tradição escolástica ou como mais tarde fará Spinoza, que as verdades eternas emanam da essência de Deus: dada a vontade infinita de Deus, as verdades eternas são criadas/estabelecidas por Deus que, nessa mesma medida, causa a si próprio. Além disso, como vimos, Descartes sustenta que Deus é criador de todas as coisas subsistentes (essências instanciadas, seja na mente finita, seja no mundo atual, seja em ambos). Deus é, portanto, criador de todas as essências nele mesmo (Deus é autocausado) e de suas instâncias subsistentes no mundo atual e/ou na mente finita. E, como vimos, dada a perfeição e simplicidades divinas, Deus cria livremente, por uma necessidade interna, sem qualquer determinação ou coação externa, todas as essências: as que a mente finita pode conceber clara e distintamente (não contraditórias) e aquelas que não pode conceber (inclusive as essências que aparecem como contraditórias a essa mente), criando assim a si próprio. Além disso, dada a indiferença positiva de Deus, no ato de criação de todas as essências, Deus, sem interesse algum e sem qualquer determinação, instancia (cria) na mente finita algumas dessas essências e verdades e no mundo atual algumas ou todas essas essências e verdades.

Como vimos, em suas respostas a Caterus e Arnauld, Descartes recorre à tese de que a essência de Deus contém sua existência. Isto é: é em virtude do seu imenso poder de Deus que Deus que ele existe. Isso, entretanto, não é suficiente para provar que Deus é causa de si, como mostra Arnauld. Poderia ser o caso que a existência de Deus derivasse necessariamente e, portanto, sem causa, dessa essência perfeita. Poderia ser, portanto, que Deus derivasse sua existência de sua essência sem ser causado por si mesmo. Entretanto, em sua objeção Arnauld toca no que subjaz à tese cartesiana da autocausação de Deus quando, nesse mesmo contexto, afirma:

> [P]ertence à essência de um ser infinito que ele exista [...] do mesmo modo que pertence à essência de um triângulo ter seus três ângulos iguais a dois ângulos retos. Assim, se alguém pergunta por que um triângulo tem seus três ângulos iguais a dois ângulos retos, não devemos responder em termos de uma causa eficiente, mas devemos simplesmente dizer que essa é a natureza eterna e imutável de um triângulo [ATVII: 212].

Arnauld, portanto, considera que se é em razão de sua essência (eterna e imutável) que Deus existe, então não é causado. Mas justamente a inovação de Descartes nesse contexto consiste na sua doutrina da livre criação das verdades eternas. Tais verdades, eternas e imutáveis, como todas as coisas, são causadas e são livremente causadas por Deus. E se, como vimos, dada a simplicidade e infinitude de Deus as verdades eternas e imutáveis consistem na essência de Deus que, ao pensar em todas as infinitas coisas, as cria nele mesmo e se, como também como vimos, Deus não tem partes e é puro pensamento, então ao pensar e criar nele mesmo as verdades eternas, Deus livremente cria a si próprio como eterno e infinito.

Há, portanto, uma relação necessária entre as teses da livre criação das verdades eternas e a de Deus como autocausado, ambas inovadoras com relação à tradição com a qual dialoga Descartes. Criar livremente as verdades eternas é causar a si próprio e só pode ocorrer no caso do ser simples cujo poder é infinito e em ato. Assim, parece razoável dizer que, como dizem Machamer & McGuire (2009), ao responder a algumas das objeções feitas às *Meditações,* Descartes "leva seu pensamento além" daquilo que se encontra nesta obra. No caso das objeções de Caterus e Arnauld acerca de um passo na argumentação da prova da existência de Deus apresentada na *Terceira Meditação,* como vimos, Descartes responde desenvolvendo uma tese, a da autocausação de Deus, garantindo assim uma doutrina não explicitamente presente nas *Meditações,* mas sustentada durante todo o período de sua vida intelectual, a doutrina da livre criação das verdades eternas.

Seção 3

A hipótese do Deus enganador e a prova da existência de Deus: alcance e função nas Meditações de Descartes

Segundo a leitura aqui proposta, como vimos na primeira seção, a tese cartesiana da livre criação das verdades eternas envolve uma desconexão na criação divina entre essências e mundo atual, de um lado, e a percepção clara e distinta por parte do ser racional finito de outro, o que implica que Deus, em certo sentido, engana ao dotar esse ser racional com faculdades cognitivas que, entretanto, o impedem de alcançar o que seria a verdade absoluta, isto é, a verdade do ponto de vista de Deus. Mas se é assim, torna-se necessário examinar qual seria o papel de Deus no sistema cartesiano, já que não seria o que tradicionalmente se compreende, a saber, o de fundamentar a possibilidade de que os seres racionais, através de ideias claras e distintas, alcancem a verdade absoluta acerca das essências e do mundo atual criado por Deus. Cabe, portanto, perguntarmos qual seria, no sistema cartesiano, o escopo da hipótese do Deus enganador e a função da prova da existência do Deus veraz. A hipótese a ser defendida nesta seção é a de que, por um lado, a dúvida que recorre à possibilidade de um Deus enganador não põe em questão a verdade das ideias claras e distintas e, por outro lado, a prova da existência de Deus (veraz) tampouco garante a verdade absoluta dessas, embora garanta a legitimidade das ideias claras e distintas como fontes de certo conhecimento (matemático e metafísico) que cabem ao ser racional e a legitimidade de certas ideias obscuras e confusas.

Para sustentar essa hipótese interpretativa, será argumentado que a dúvida que recorre à possibilidade de um Deus enganador visa à razão como fonte de conhecimento, mas a concepção de razão visada não é a de uma razão que produz, sem auxílio dos sentidos, ideias claras e distintas, isto é, não é a concepção de razão envolvida no modelo cognitivo cartesiano. Ao contrário, a concepção de razão alvo da dúvida que recorre ao Deus enganador é aquela envolvida no modelo cognitivo escolástico aristotélico segundo a qual mesmo operações puramente intelectuais como as que produzem a quantidade, objeto da Matemática, e o inteligível, objeto da Física, dependem do sensível na medida em que, como todo conhecimento, envolvem o processo de abstração a partir da imagem sensível. No contexto da etapa da dúvida que recorre à hipótese do Deus enganador, o que aparece como alvo, portanto, é a produção dos objetos da Física e da Matemática segundo o modelo escolástico de inspiração aristotélica: a produção do objeto da Física, isto é, os universais, abstraído do particular (da imagem particular) e a produção do objeto da Matemática, isto é, a quantidade que também, segundo esse modelo, é abstraído da matéria sensível. Assim, a Matemática (que trata da quantidade) e a Física (que trata dos universais) aparecem nesse contexto como exemplos do resultado da operação abstrativa constitutiva do conhecimento segundo o modelo rejeitado por Descartes. A etapa da dúvida que se baseia na hipótese de um Deus enganador seria dirigida, como toda a dúvida cartesiana, a ideias que de algum modo são dependentes dos sentidos. Nessa etapa, a dúvida se aplicaria às ideias produzidas inteiramente pela razão pelo processo de abstração cujo material é, entretanto, o sensível. O alvo da dúvida do Deus enganador seria a ciência segundo o modelo escolástico aristotélico que, embora resulte de operações puramente intelectuais, depende do processo de abstração a partir do qual a matéria individual é deixada de lado, retendo-se o universal que é o objeto da Física e também a partir do qual todas as propriedades sensíveis são deixadas de lado, retendo-se apenas a quantidade, objeto da Matemática. Trata-se, portanto, de um modelo de ciência que admite que esta, ainda que remotamente, é sempre dependente dos sentidos, e não do modelo cartesiano de ciência segundo o qual esta se constitui de ideias claras e distintas e inatas.

Por meio do exame de algumas passagens das *Meditações*, pretendo sustentar que é só na *Terceira Meditação*, depois de já ter introduzido o argumento do *Cogito* e, portanto, ali sim, já de posse de ideias claras e distintas (a da existência do "eu" e a de sua natureza imaterial) que Descartes se pergunta pela possibilidade de aplicar a dúvida que tem como base a hipótese do Deus enganador às ideias claras e distintas, e que essa possiblidade é, nessa mesma *Meditação*, imediatamente rejeitada. A partir daí, segundo a leitura a ser sugerida, Descartes mostra, com a prova da existência de Deus, que as ideias claras e distintas são verdadeiras paras os seres finitos na medida em que estes não podem duvidar dessa verdade. Nesse sentido, o que fica claro é que a razão é para o ser finito não a fonte de um conhecimento absoluto, mas sim a faculdade que tem as melhores credenciais para ser fonte de conhecimento desse ser racional finito. A razão pura é a melhor candidata para ser tomada como fonte de certo tipo de conhecimento (metafísico e matemático) do ser racional porque não é possível encontrar razões para duvidar de um certo uso da razão (aquele que não recorre aos sentidos) sem que, ao mesmo tempo, já se admita a legitimidade desse uso da razão. Com esse resultado ficará plausível a leitura aqui apresentada da tese cartesiana da livre criação das verdades eternas na medida em que, em lugar de considerar que a prova do Deus veraz legitima o conhecimento da verdade absoluta através das ideias claras e distintas, considera que essa prova, exatamente por se servir de ideias e elos argumentativos claros e distintos, é um exemplo do que para os seres racionais finitos consiste numa fonte de conhecimento com as melhores credenciais. A produção de ideias indubitáveis pelo exercício da razão que opera independentemente de dados sensíveis é o máximo que o ser finito pode pretender, ao menos no que diz respeito aos conhecimentos da metafísica e da matemática. E se é assim, é muito plausível que, segundo Descartes, em certo sentido Deus seja enganador, a saber, no sentido em que dota os seres racionais com faculdades cognitivas que, no entanto, não necessariamente permitem conhecer a verdade absoluta, o que se harmoniza com o que consideramos na primeira seção ser consequência da doutrina cartesiana da livre criação das verdades eternas.

Assim, nesta seção apresentarei uma leitura das *Meditações Primeira* e *Terceira*, segundo a qual é possível harmonizar a necessidade da prova da existência de um Deus veraz com a tese consequente à leitura aqui sugerida da doutrina cartesiana da livre criação das verdades eternas, de que há uma discrepância entre essências em Deus e instâncias dessas no mundo atual criado, de um lado, e a mente finita do outro e que, como no caso dos sentidos, é possível afirmar que segundo Descartes, também com relação ao conhecimento da razão pura, Deus é, em um certo sentido muito específico, enganador. Essa harmonização tem como base mostrar que 1) a hipótese do Deus enganador não atinge as ideias claras e distintas; e 2) a prova da existência de um Deus veraz não visa garantir o conhecimento absoluto por parte da mente finita através de ideias claras e distintas, mas sim a validade de um certo uso da razão (que não depende dos sentidos) cujo resultado são ideias indubitáveis e a validade de alguns conhecimentos fornecidos pelos sentidos.

Segundo muitos intérpretes e leitores das *Meditações,* ao introduzir a dúvida na *Primeira Meditação,* Descartes pretende reapresentar dúvidas céticas já conhecidas com o objetivo último de, no decorrer das *Meditações,* refutar o cético provando ser possível o conhecimento da alma, de Deus e do mundo externo pela razão pura por meio de ideias claras e distintas[30]. Mais ainda, o fato de, nas *Meditações,* Deus legitimar a verdade das ideias claras e distintas é compreendido como significando que Deus garante que, através das ideias claras e distintas, o ser racional finito conhece a verdade absoluta. Na *Primeira Meditação* Descartes se ocuparia em expor razões para pôr em questão o que seriam as possíveis fontes de conhecimento, a saber, os sentidos, a imaginação e a razão e, no decorrer das *Meditações,* através da prova da existência de um Deus veraz, teria eliminado a razão introduzida para duvidar da legitimidade da razão pura como fonte de conhecimento absoluto, isto é, teria eliminado a hipótese da existência de um Deus enganador. Ao eliminar a possível causa do erro sistemático da razão, isto é, ao eliminar a causa universal do erro (a existência de um Deus enganador), Descartes teria então mostrado não só que as ideias claras e distintas são legítimas fontes de conhecimento, mas também que por meio delas os seres racionais finitos conheceriam o mundo (essência e instância no mundo atual) tal como Deus o criou. No sistema cartesiano, então, Deus teria o papel fundamental de garantir a passagem de uma certeza subjetiva racional para a verdade objetiva: não só me parece que as coisas são como as concebo clara e distintamente (isto é, segundo os princípios racionais), mas as coisas são de fato como percebo clara e distintamente (isto é, segundo os princípios racionais).

A hipótese interpretativa alternativa a essa leitura tradicional a ser defendida aqui acerca da dúvida cartesiana baseia-se, primeiramente, na carta em que Descartes explica a seu editor Mersenne que seu objetivo geral nas *Meditações* é apresentar todo o fundamento de sua Física e levar os leitores insensivelmente a se acostumarem com seus princípios, reconhecendo sua

[30] Veja-se, por exemplo, Martial Gueroult (1953), Bernard Williams (1978), e Janet Broughton (2003).

verdade antes de notarem que eles "*destroem os princípios de Aristóteles*" [ATIII: 298][31]. Com base nessa explicação, a leitura da *Primeira Meditação* a ser aqui sugerida apoia-se na tese de que o princípio epistêmico aristotélico visado por Descartes é o princípio que estrutura o modelo cognitivo defendido pela tradição de orientação aristotélica segundo o qual, em termos gerais, não há ideia no intelecto que não tenha antes passado pelos sentidos. Durante a *Primeira Meditação* esse princípio básico será gradativamente reformulado de modo a tornar explícito o que nele está envolvido: que todo conhecimento depende do que é diretamente ou remotamente dependente dos sentidos na medida em que depende, em última instância, de um processo de abstração que demanda por dados e/ou imagens sensíveis. Sendo assim, será defendido que o objetivo expresso de Descartes na *Primeira Meditação,* a saber, o de preparar o leitor para desligar-se dos sentidos [ATVII: 12], equivale a preparar o leitor para desvencilhar-se do modelo cognitivo escolástico de inspiração aristotélica, que afirma que todo conhecimento depende dos sentidos. Trata-se, portanto, de pôr em questão a tese de que todo conhecimento, inclusive o conhecimento matemático e metafísico, depende do resultado da operação mental abstrativa que se incide sobre uma imagem sensível e não de pôr em questão, em algum momento, a verdade de ideias produzidas independentemente dos sentidos, isto é, a verdade do que segundo Descartes consiste nas ideias claras e distintas.

Outra base para a defesa da hipótese interpretativa aqui sugerida – de que as ideias claras e distintas nunca são alvo da dúvida cartesiana apresentada na *Primeira Meditação,* na medida em que não são dependentes de modo algum dos sentidos – é o fato mesmo de que nesse início das *Meditações* Descartes não está de posse ainda de nenhuma ideia clara e distinta. Na *Primeira Meditação* nenhuma das teses cartesianas foi ainda introduzida e, nesse sentido, a princípio, nenhuma tese cartesiana é visada, o que implica que as ideias claras e

[31] Carta a Mersenne de 28 de janeiro de 1641: "[P]osso afirmar, cá entre nós, que essas seis meditações contêm todo o fundamento de minha Física. Mas, por favor não diga às pessoas, pois isso tornaria mais difícil sua aprovação por parte daqueles que defendem Aristóteles. *Tenho esperança que insensivelmente os leitores se acostumarão com meus princípios e reconhecerão sua verdade antes de notarem que eles destroem os princípios de Aristóteles* (Ênfase acrescentada).

distintas não foram ainda introduzidas e, por essa razão mesma, não podem ser visadas. Ao contrário, entretanto, o princípio epistêmico aristotélico é o único a ter sido introduzido, já que Descartes afirma logo no início dessa *Primeira Meditação*: "tudo o que recebi, até presentemente, como o mais verdadeiro e seguro, aprendi-o dos sentidos ou pelos sentidos" [AT 7: 18; CSM II: 12). Mas se é assim, então nessa *Meditação* a hipótese do Deus enganador não se aplica às ideias claras e distintas, mas sim às ideias obtidas por abstração que constituem os objetos da Física (os universais) e da Matemática (a quantidade), ambos abstraídos, segundo as teorias de orientação aristotélica, do sensível. Nesse sentido, o diálogo travado na *Primeira Meditação* seria entre o cético e o filósofo escolástico aristotélico e o tema da discussão seria a possibilidade de se conhecer segundo o modelo cognitivo de inspiração aristotélico/empirista, cuja tese central é a de que todo conhecimento de algum modo depende do sensível.

Essa leitura da dúvida levantada pela hipótese do Deus enganador envolve, de imediato, uma possível objeção: se a função da hipótese do Deus enganador é apenas a de pôr em questão os produtos dessa operação puramente mental, mas dependente dos sentidos, essa hipótese é supérflua. Visto que Descartes em etapas anteriores da dúvida na *Primeira Meditação* põe em questão o produto dos sentidos e da imaginação e, portanto, aquilo sobre o que, segundo o modelo visado, incidiria a operação puramente intelectual de abstração do processo cognitivo, então a verdade do produto dessa operação puramente intelectual (o suposto inteligível e a quantidade) já estaria, desde essas primeiras etapas da dúvida, posta em questão, sendo portanto desnecessária a hipótese do Deus enganador. Segundo o modelo escolástico aristotélico, no caso da Física o objeto do conhecimento depende da abstração dos universais, que deixa de lado a matéria individual e no caso da Matemática depende da abstração da quantidade, que deixa de lado as propriedades sensíveis, sendo assim ambos de algum modo dependentes do processo de abstração a partir do sensível. Mas se não há operação abstrativa a não ser aplicada a imagens sensíveis e se a verdade destas imagens está em questão antes da hipótese do Deus enganador, então o resultado da operação abstrativa que parte das imagens sensíveis também antes dessa hipótese do Deus enganador já estaria posto em questão, visto que, como o próprio Descartes admite, "a ruína dos alicerces carrega necessariamente consigo todo o resto do edifício" [AT VII18]. A operação abstrativa se aplica sobre aquilo que já está em questão (o produto dos sentidos e da imaginação) e, por isso mesmo, herda as razões para duvidar desses. Assim, se a etapa da dúvida que se baseia na hipótese do Deus enganador incide sobre essa operação abstrativa, então se trata de uma etapa supérflua.

Sustentar que toda a dúvida cartesiana se aplica ao suposto conhecimento que depende direta ou indiretamente dos sentidos torna necessário que se mostre, então, qual seria o objetivo de Descartes ao introduzir a hipótese do Deus enganador, já que não seria o de pôr em questão o resultado dessa operação cognitiva da razão que, a princípio, já estaria em questão pelas etapas anteriores da dúvida. A hipótese a ser aqui defendida é a de que essa etapa da dúvida tem a função específica de explicitar a concepção de razão envolvida na dúvida em geral, a saber, a razão considerada como operando a partir de dados sensíveis) com o objetivo de, nas *Meditações* seguintes, contrastá-la com a concepção legítima de razão que escapa às razões de duvidar (a razão que opera independentemente de dados dos sentidos, através de ideias claras e distintas)[32]. Descartes, portanto, teria introduzido a hipótese do Deus enganador para chamar a atenção do leitor para o fato de que a concepção de razão dubitável é aquela cuja operação, embora puramente intelectual, depende dos sentidos e mostrar, no decorrer das *Meditações*, que a concepção de razão que escapa às razões de duvidar é aquela cuja operação cognitiva não recorre aos sentidos. Se essa leitura da dúvida apresentada na *Primeira Meditação* a ser defendida é plausível, será possível mostrar que no decorrer das *Meditações*, ao introduzir o argumento do *Cogito* e o que se considera ser provas da existência

[32] Embora com diferenças significativas, a leitura a ser aqui sugerida tem pontos em comum, em linhas gerais, com a interpretação de Harry Frankfurt (1970) que defende que o objetivo da dúvida cartesiana é o de destruir o preconceito que considera os sentidos a fonte de todo conhecimento, na medida em que obstruem o uso da razão pura. Frankfurt, entretanto, considera que o interlocutor de Descartes que adota esse preconceito é o homem comum filosoficamente ingênuo (e não a teoria filosófica de orientação aristotélica, como será aqui defendido) e admite que ao menos na *Terceira Meditação* Descartes põe afinal as ideias claras e distintas em questão, adotando então a mesma estratégia de outros comentadores (como Beyssade, por exemplo) que afirmam a temporalidade como central para explicar porque certas ideias claras e distintas (as atualmente percebidas) não são postas em questão. Essa estratégia será discutida a seguir.

de Deus, bem como a prova da essência do mundo externo, Descartes estaria exibindo o uso legítimo da razão e mostrando ser o produto desse uso indubitável na medida em que não depende dos sentidos, e por ser indubitável, aquilo que os seres racionais finitos podem considerar como conhecimento. Descartes estaria, portanto, exercendo seu próprio modelo epistêmico cuja tese essencial é a de que é possível conhecer sem auxílio de dados sensíveis, para contrastá-lo com o modelo problemático de seus adversários de orientação aristotélica. A leitura a ser sustentada aqui defende, portanto, que as ideias claras e distintas não são postas em questão e que a função da hipótese do Deus enganador é a de explicitar o uso equivocado da razão, isto é o uso dependente dos sentidos e, por isso mesmo dubitável que mais tarde, a partir do argumento do *Cogito,* da prova da existência de Deus, assim como as provas que se baseiam apenas em ideias inatas será contrastado com o uso correto, independente dos sentidos e, por essa razão, indubitável. A hipótese do Deus enganador (e a prova da sua existência) teriam, portanto, nas *Meditações,* o papel essencial de permitir comparar o uso dubitável da razão com o uso legítimo desta.

Ainda segundo a leitura tradicional, ao provar a existência de Deus e sua veracidade, Descartes estaria eliminado a possibilidade de um Deus enganador e isso seria a garantia de que as ideias claras e distintas são verdadeiras do ponto de vista absoluto. Deus não sendo enganador, ao garantir a verdade das ideias claras e distintas garante que essas ideias atingem o que é verdadeiro segundo o ponto de vista divino. Como na leitura aqui sugerida, mencionada acima, a hipótese do Deus enganador tem uma função diferente da que lhe é tradicionalmente atribuída, a saber, duvidar da verdade das ideias claras e distintas, também a prova da existência de Deus terá uma função diferente da que lhe é com frequência atribuída. A prova da existência de Deus teria uma dupla função: a) a estrutura da prova corroboraria a indubitabilidade das ideias produzidas por certo uso da razão (aquele que independe dos sentidos) inicialmente exibido no argumento do *Cogito* e, apenas nesse sentido, do ponto de vista do ser racional finito, garantiria a verdade dessas ideias; e b) o resultado da prova, isto é, a existência de Deus (juntamente com a prova de sua veracidade legitimaria), exposta no decorrer da *Meditações,* garantiria alguns conhecimentos que foram postos em questão pelas etapas que questionaram os sentidos como fonte de conhecimento. A função da prova da existência de Deus, que se utiliza de ideias que, segundo nossa leitura, não estão postas em questão – as ideias claras e distintas – seria a de legitimar o uso da razão que independe dos sentidos, por sua indubitabilidade. Mais tarde, o resultado dessa prova (e não a estrutura da prova), a saber, o conhecimento da existência de Deus, juntamente com o conhecimento da veracidade divina, garantirão também o conhecimento do ser racional finito obtido por algumas ideias fornecidas pelos sentidos e conjugadas ao ensinamento de minha própria natureza através de inclinação incorrigível.

A compreensão da função e do escopo da dúvida que se baseia na hipótese de um Deus enganador envolve a compreensão da função e do escopo da dúvida geral cartesiana. Sendo assim, a apresentação de argumentos em favor da hipótese interpretativa de que nas *Meditações* as ideias claras e distintas nunca estão em questão e tampouco são garantidas como fontes de conhecimento absoluto envolve a discussão do que seria a função e o escopo da dúvida cartesiana apresentada na *Primeira Meditação*[33]. Seguindo a linha interpretativa sugerida acima, apresentarei uma reconstrução da argumentação carte-

---

[33] A leitura aqui sugerida, como veremos, aponta para uma leitura mais ampla das *Meditações* segundo a qual o objetivo não consiste em garantir que a razão pura (sem auxílio dos sentidos) conhece a verdade absoluta do que conhece, nem que conhece sempre (infalivelmente), nem tampouco que somente a razão pura (exclusivamente) a conhece. O objetivo de Descartes seria o de legitimar a razão como conhecimento na medida em que é o que os seres finitos podem esperar como fonte de certo tipo de conhecimento (metafísico e matemático) que, entretanto, como qualquer outra, não resulta em conhecimento absoluto, nem é infalível. Isto é, que algum conhecimento seja obtido por ideias claras e distintas não implica, no sistema cartesiano, que a razão não erre, que conheça a verdade absoluta, ou que seja a única fonte de conhecimento. Que a razão pode errar Descartes mostra na *Quarta Meditação*, quando admite que embora Deus pudesse ter criado o ser racional como o ser que poderia errar, mas nunca erra, o criou como podendo errar e efetivamente errando [AT VII:61]. Que a razão pode não ser a única fonte de conhecimento Descartes deixa claro quando admite que é com base em suas sensações e ensinamentos da natureza que o ser racional conhece a existência do mundo externo, conhece que sua alma é unida a seu corpo, conhece o que é bom e ruim para ele, dentre outras coisas [ATVII: 81-82]. E que a razão não atinge o conhecimento absoluto da verdade daquilo que conhece, sugiro aqui nesse trabalho, Descartes mostra através da doutrina das verdades eternas, segundo a qual Deus cria e instancia essências que para o ser racional são contraditórias e sem sentido. Para o fim aqui proposto, basta examinar se é possível afirmar que nas *Meditações* Descartes não pretende garantir a possibilidade de o ser racional finito atingir a verdade absoluta.

siana apresentada na *Primeira Meditação* defendendo que em todas as etapas da dúvida Descartes pretende mostrar a precariedade do modelo cognitivo de inspiração aristotélica. Na reconstrução da dúvida cartesiana será mostrado, portanto, que na *Primeira Meditação* Descartes põe em questão as etapas do processo cognitivo que resultam na apreensão do inteligível e da quantidade segundo esse modelo: a apreensão pelos sentidos das qualidades e da existência das coisas singulares, a produção de imagens sensíveis pela imaginação e a abstração do inteligível e da quantidade pelo intelecto agente. Será argumentado ainda em seguida que no decorrer das *Meditações Segunda* e *Terceira* Descartes, entre outras coisas, ocupa-se em mostrar que certo uso puro da razão escapa à dúvida de um modo geral e que este é distinto do uso da razão questionado na Primeira Meditação, na medida em que, diferentemente deste, não depende de modo algum de dados sensíveis.

Escopo da dúvida apresentada na Primeira Meditação

Logo no início das *Meditações*, e também em resposta a uma objeção feita acerca da *Primeira Meditação*, Descartes insiste em afirmar que o alvo da dúvida na *Primeira Meditação* é a consideração dos sentidos como fonte de conhecimento. Por exemplo, em seu Resumo explicativo, no que concerne à *Primeira Meditação*, ao explicitar a utilidade da dúvida, Descartes menciona apenas os sentidos como objeto de análise: "nos libertar de toda sorte de prejuízos e nos preparar para acostumar nosso espírito a *desligar-se dos sentidos* [...]" [AT VII: 12. Ênfase acrescentada]. Essa ideia de que o foco da *Primeira Meditação* é o conhecimento supostamente fornecido pelos sentidos se repete quando, em seu início, Descartes afirma que irá examinar suas antigas crenças e que todas elas tiveram "*origem ou nos sentidos ou pelos sentidos*" [AT VII: 18. Ênfase acrescentada], isto é, crenças que tiveram origem direta ou indiretamente nos sentidos. Ainda em outra passagem, em sua resposta a Hobbes que o acusa de, na *Primeira Meditação*, através da dúvida, apenas reapresentar "material antigo" já apresentado por Platão e antigos filósofos, Descartes deixa claro que os sentidos são o alvo de seu ataque, quando afirma que dentre as razões para apresentar os argumentos céticos nesta *Meditação* não consta apresentar novidades, mas sim: "*[P]reparar o espírito de meus leitores para o estudo de coisas relacionadas ao intelecto e ajudá-los a distinguir essas coisas das coisas corpóreas*" [AT VII: 171-172. Ênfase acrescentada]. Descartes menciona os sentidos e nenhuma outra fonte de conhecimento como alvo da *Primeira Meditação*, o que sugere ser plausível reconsiderar a dúvida apresentada por Descartes nas *Meditações* de modo a compreender de que modo a hipótese do Deus enganador poria em questão ideias também relacionadas aos sentidos e não a produtos da razão pura.

No início da *Primeira Meditação*, quando adverte que irá desfazer-se "de todas as opiniões a que até então dera crédito e começar tudo novamente desde os fundamentos" [AT VII: 18], Descartes parece querer dizer que irá desfazer-se de todo suposto conhecimento adquirido segundo o modelo aristotélico cujo fundamento é o princípio de que todo conhecimento depende basicamente dos sentidos. Com efeito, Descartes em seguida explica que desfazer-se das antigas opiniões não supõe o exame de cada uma dessas opiniões, já que isso seria "um trabalho infinito", e que, por essa razão, sua intenção é dedicar-se "de imediato aos princípios sobre os quais *todas* as minhas antigas opiniões estavam apoiadas" [*Ibid*][34]. E explica afirmando: "Tudo o que recebi, até presentemente, como o mais verdadeiro e seguro, aprendi-o dos sentidos ou pelos sentidos" [AT VII: 18].

Essa afirmação inicial de Descartes, além de confirmar a hipótese de que o alvo de seu ataque é o modelo epistêmico que tem os sentidos como princípio fundamental, mostra também que Descartes admite a possibilidade de, nesse modelo, o ponto de partida não ser sempre aquilo que é diretamente dado aos sentidos. Em *L'entretien avec Burman* Descartes sugere que essa distinção mencionada entre aprender *dos* sentidos e aprender *pelos* sentidos expressa a diferença entre perceber diretamente pelos próprios sentidos as qualidades e a existência das coisas a serem conhecidas de um lado e, de outro lado, formar uma imagem sensível não a partir do que diretamente se percebe, mas a partir de percepções prévias de outros [ATV: 146]. Para conhecer não é preciso que algo nos seja dado diretamente aos sentidos, bastando que de algum modo dependa dos sentidos. Como veremos no decorrer da reconstrução da argumentação cartesiana, essa diferença é considerada na medida em que a dúvida progride daquilo que recebemos diretamente dos sentidos para a dúvida acerca da possível arbitrariedade das composições produzidas pela imaginação e para a dúvida baseada na hipótese do Deus enganador que incide sobre qualquer operação intelectual dependente dos sentidos. Assim, ao pôr os sentidos em questão, Descartes introduz razões para duvidar da legitimidade do resultado das três etapas fundamentais do conhecimento segundo um certo modelo cognitivo: o que supostamente recebemos diretamente em nossos sentidos, a

[34] Tradução alterada. No lugar da expressão "de imediato" lê-se na tradução brasileira e na francesa "primeiramente". O termo utilizado nas versões francesa e brasileira dá margem a que se pense que depois de tratar dos sentidos Descartes tratará de outras fontes do conhecimento. Entretanto, como Descartes não menciona qualquer outro tipo de fonte de conhecimento que não as que dependem fundamentalmente dos sentidos, a expressão "imediatamente" (*statim*) utilizada no original em latim parece ser a preferível.

saber, o que seriam as qualidades sensíveis ou as formas acidentais dos objetos particulares, bem como a atestação de que esses objetos particulares existem, as imagens sensíveis produzidas a partir de experiências dessas percepções ou a partir de percepções prévias nossas ou de outros, e o inteligível e a quantidade produzidos através da abstração a partir dessas imagens sensíveis.

Segundo a tradição visada por Descartes, a verdade dos juízos depende da origem das ideias (conceitos) que os compõem, que consiste na apreensão direta das formas acidentais das coisas particulares ou depende das imagens obtidas a partir da apreensão prévia das qualidades das coisas sensíveis. Em termos gerais, segundo essa tradição, conhecemos através das operações de inteligir e julgar. O processo para inteligir passa por etapas que começa por nossa alma ser modificada pelas formas acidentais das coisas, o que nos permite fazer uma imagem sensível. A formação da imagem sensível, entretanto, não necessariamente supõe a apreensão atual das qualidades sensíveis, podendo ser produzida a partir de experiências prévias nossas ou de outros. A imagem sensível, por sua vez, é o que permite que o intelecto agente através da operação abstrativa, produza a forma inteligível deixando de lado todas as particularidades, o que então atualiza o intelecto possível ou produz a quantidade deixando de lado toda e qualquer propriedade sensível. A forma inteligível abstraída será expressa em um conceito que será, então, predicado de um juízo cognitivo por meio do qual há o retorno à imagem sensível. E a quantidade abstraída será objeto de operações puramente racionais. Vale notar que, segundo essa tradição, a verdade dos juízos pode ser explicada por sua origem nos sentidos porque, em condições externas e internas ideais (quando não há defeitos na capacidade de recepção e quando os objetos não estão muito distantes, ou mal posicionados), nossas percepções sensíveis apreendem corretamente as qualidades e a existência das coisas e por isso mesmo ao final do processo abstrativo chegamos à essência dessas coisas.

A argumentação de Descartes na *Primeira Meditação* visa mostrar que, mesmo em condições ideais externas e internas ao sujeito perceptivo, é razoável duvidar da verdade dos juízos se estes têm como origem dados sensíveis ou imagens sensíveis. Ele visa, portanto, expor razões para duvidar, em última instância, de que a verdade dos juízos possa ser explicada por sua suposta origem nos sentidos. Mesmo quando as condições externas e internas são ideais, isto é, quando as coisas percebidas estão bem posicionadas e o percipiente não tem qualquer disfunção idiossincrática, por exemplo, não é louco (como veremos), as percepções sensíveis são dubitáveis em virtude de características internas do que é percebido (são tênues) ou em virtude de características internas ao ato perceptivo (não há marcas internas ao ato perceptivo que permitam distingui-lo do ato imaginativo) ou características internas ao ato imaginativo (não há marcas que distingam os produtos da imaginação compostos por regras necessárias de associação e dissociação dos produtos da imaginação que são arbitrariamente compostos). No que diz respeito à razão, como veremos, Descartes mostra haver características internas a suas operações que permitem distinguir a operação dubitável da razão (ainda que uma operação inteiramente intelectual) que depende de dados sensíveis da operação indubitável de produzir ideias independentemente dos sentidos.

Os dois primeiros argumentos introduzidos por Descartes na *Primeira Meditação* visam pôr em questão o suposto conhecimento proveniente diretamente dos sentidos: a suposta apreensão direta das qualidades sensíveis dos objetos e da existência das situações e coisas atuais. No primeiro, Descartes afirma: "experimentei algumas vezes que esses sentidos eram enganosos, e é de prudência nunca se fiar inteiramente em quem já nos enganou uma vez". E explica que esse engano dos sentidos diz respeito às coisas "pouco sensíveis e muito distantes" [AT VII: 18]. Duas coisas devem ser notadas nesse primeiro argumento: a) ele recorre à discrepância das percepções sensíveis; e b) como obstáculo à percepção correta, introduz, além da distância admitida mesmo pela tradição como possível fonte de erro, um outro obstáculo também externo ao percipiente, a saber, o fato de as coisas supostamente assim percebidas serem tênues ou "pouco sensíveis". Cabe examinar o que seriam então essas coisas pouco sensíveis a respeito das quais as percepções sensíveis são discrepantes.

Descartes não nos dá expressamente essa informação, mas, ao explicitar em seguida o que escapa a essa razão de duvidar, deixa pistas para que se conclua que essa primeira razão de duvidar se aplica às qualidades sensíveis das coisas singulares. Nessa mesma passagem, prosseguindo, Descartes explica que o que escapa a esse primeiro argumento são as coisas e situações atualmente experimentadas. Em suas palavras:

> Mas, ainda que os sentidos nos enganem às vezes no que se refere às coisas pouco sensíveis e muito distantes, encontramos talvez muitas outras das quais não se pode razoavelmente duvidar [...], por exemplo, que eu esteja aqui, sentado junto ao fogo, vestido com um chambre, tendo este papel entre as mãos e outras coisas semelhantes" [*Ibid*][35].

Se tudo o que supostamente percebemos pelos sentidos consiste ou nas qualidades sensíveis das coisas singulares ou nas situações e coisas atualmente experimentadas, e se, como vimos acima, essas últimas escapam ao primeiro argumento, então as "coisas pouco sensíveis" atingidas por esse primeiro argumento da dúvida são as qualidades sensíveis ou as formas acidentais das coisas particulares. Podemos afirmar então que as percepções dos sentidos das qualidades sensíveis das coisas singulares são discrepantes não só, como quer a tradição, quando as coisas singulares estão mal posicionadas, mas em razão de uma característica interna das qualidades: são "pouco sensíveis". Note-se que, diferentemente do que com frequência se afirma, Descartes não comete aqui o erro lógico de passar de "algumas vezes" para "todas as vezes". O argumento de Descartes não depende da afirmação de que o que alguma vez me enganou pode sempre me enganar. O argumento que rejeita os sentidos (e, como veremos, também o que rejeita a imaginação) como etapa do conhecimento se baseia na impossibilidade de se distinguir um produto ilusório do que não é ilusório: os sentidos às vezes me enganam e não tenho critérios (apelando para os sentidos, que, segundo a tradição visada, são a origem do conhecimento) para reconhecer quando me enganam e distinguir de quando não me enganam. Para o argumento, não é necessário afirmar que os sentidos podem sempre me enganar, mas sim que não posso distinguir quando me enganam de quando não me enganam. Por isso mesmo, conclui Descartes, até esse momento, é de prudência não se fiar "inteiramente" nos sentidos.

Embora Descartes não explicite esse seu primeiro argumento, é possível reconstruí-lo da seguinte maneira. Sabemos que os sentidos nos enganam

---

[35] *Ibid.* Tradução alterada. Duque de Luynes na tradução francesa traduz "et similia" por "choses de cette nature", o que é traduzido para a versão brasileira como "coisas dessa natureza". Para evitar a introdução de questões acerca da natureza desses objetos particulares, parece preferível manter "coisas semelhantes", como consta no original.

quando observamos sua performance em diferentes situações. Ainda que os objetos a serem conhecidos estejam bem posicionados, pode haver discrepância acerca das propriedades que percebemos, o que sugere serem essas propriedades "pouco sensíveis". Por exemplo, dois indivíduos, usando o mesmo sentido, digamos, o paladar, podem ter percepções conflitantes acerca do que seria uma mesma qualidade: o que parece doce a um pode parecer amargo para o outro. Ou, um mesmo indivíduo utilizando-se de diferentes sentidos dele próprio pode ter percepções conflitantes do que seria uma mesma qualidade: pode ver um pedaço de madeira mergulhado em um copo d'água como sendo torto e perceber pelo tato este mesmo pedaço de madeira, nessas mesmas condições, como sendo reto. Ou ainda, um mesmo indivíduo, utilizando-se de um único sentido pode ter percepções conflitantes acerca de uma mesma qualidade: pode ver um mesmo objeto como grande se estiver próximo, e como pequeno se estiver distante. Apelando apenas para os sentidos não é possível distinguir a percepção sensível correta da incorreta. Sendo assim, se é possível não haver consenso acerca do que nesses casos estaríamos diretamente percebendo através dos sentidos, conclui-se que ao menos algumas dessas percepções, ou todas, são "pouco sensíveis" e por isso podem enganar. Mas se é assim, percepções sensíveis de qualidades acidentais das coisas singulares não podem servir como critério de verdade. Note-se que, diferentemente do que com frequência se afirma, Descartes não comete aqui o erro lógico de passar de "algumas vezes" para "todas as vezes". O argumento de Descartes não depende da afirmação de que o que alguma vez me enganou pode sempre me enganar. O argumento que rejeita os sentidos (e, como veremos, também o que rejeita a imaginação) como etapa do conhecimento se baseia na impossibilidade de se distinguir um produto ilusório do que não é ilusório: os sentidos às vezes me enganam e não tenho critérios (apelando para os sentidos que, segundo a tradição visada é a origem do conhecimento) para reconhecer quando me enganam e os distinguir de quando não me enganam. Para o argumento, não é necessário afirmar que os sentidos podem sempre me enganar, mas sim que não posso distinguir quando me enganam de quando isso não ocorre.

A dúvida lançada com esse primeiro argumento tem como base as condições externas ao ato perceptivo; é por essas qualidades sensíveis serem tênues e pouco sensíveis ou poderem estar mal posicionadas e distantes que não há consenso acerca do que os sentidos nos fornecem a respeito delas: as coisas supostamente percebidas – as formas acidentais das coisas particulares – ou não são ideais para este tipo de percepção porque são tênues ou estão distantes, mal colocadas, o que ocasiona discrepância nas percepções destas qualidades.

O argumento crítico com relação aos sentidos, entretanto, aqui não é o de que se os sentidos ocasionalmente me enganam não são confiáveis de modo algum. Descartes com esse argumento afirma apenas que os sentidos não são "inteiramente" confiáveis até então. Com efeito, imediatamente após esse argumento Descartes argumenta que, não obstante esse primeiro argumento, é ainda possível manter alguma confiança nos sentidos: apesar de os sentidos poderem me enganar quanto a essas coisas pouco sensíveis e muito distantes, não parecem do mesmo modo poder me enganar quanto à existência ou presença atual de coisas e situações particulares. Isto é, se o argumento que até aqui põe em questão os sentidos como fonte de conhecimento tem como base a inconsistência das percepções sensíveis quanto às qualidades sensíveis das coisas particulares sob a alegação de que estas seriam pouco sensíveis ou poderiam estar mal posicionadas, então ainda é possível confiar nos sentidos quando estes nos fornecem percepções consistentes, como o que ocorre quando percebemos a presença atual de coisas ou de situações particulares, percepções que são vivas e se dão em circunstâncias ideais. Não há dissenso com relação à percepção da existência das coisas e situações que experimentamos atualmente e, portanto, embora a percepção das formas acidentais das coisas seja problemática, ao menos a existência das coisas que supostamente teriam essas formas não é ainda dubitável:

> [E]ncontramos talvez muitas outras [coisas] das quais não se pode razoavelmente duvidar, embora as conhecêssemos por intermédio deles [os sentidos]: por exemplo, que eu esteja aqui, sentado junto ao fogo, vestido com um chambre, tendo este papel entre as mãos [...] [AT VII: 19].

Descartes passa então a examinar a possibilidade de mesmo nesses casos as percepções sensíveis poderem enganar. O argumento da loucura aparece, então, como uma primeira possível razão para duvidar desses casos de percepção sensível. Nas palavras de Descartes:

> E como poderia eu negar que estas mãos e este corpo sejam meus? A não ser, talvez, que eu me compare a esses insensatos [...] que constantemente asseguram que são reis quando são muito pobres; que estão vestidos de ouro e púrpura quando estão inteiramente nus; ou imaginam ser cântaros ou ter um corpo de vidro [*Ibid*].

Essa primeira tentativa, entretanto, não será aceita visto dizer respeito a casos em que a condição interna do percipiente não é ideal. O louco seria aquele "cujo cérebro, perturbado e ofuscado pelos negros vapores da bile" fabrica seus próprios dados sensíveis e, por essa razão, sua percepção sensível não é confiável. Esse argumento da loucura é então rejeitado: tendo como base uma idiossincrasia que expressa uma condição interna adversa, não serve para o argumento de Descartes que pretende mostrar que mesmo em condições ideais as percepções sensíveis não são confiáveis: "São loucos, e eu não seria menos extravagante se me guiasse por seus exemplos" [*Ibid*]. Essa hipótese da loucura será no entanto retomada de forma mais radical e com abstração do aspecto idiossincrático, ao ser introduzida a hipótese do sonho[36].

Para escapar desse argumento que se baseia em uma idiossincrasia, e ainda com o objetivo de examinar a legitimidade das percepções sensíveis de experiências particulares sob condições externas e internas ideais, Descartes introduz a hipótese do sonho. Eis como essa hipótese é introduzida:

> "[T]odavia devo aqui considerar que sou homem e, por conseguinte, que tenho o costume de dormir e de representar em meus sonhos [...]" [*Ibid*].

Essas primeiras palavras deixam claro que esse argumento é introduzido como oposição ao recurso a algo individual, particular, idiossincrático, como foi o recurso à loucura. O sonho diz respeito a um fenômeno entre os homens de um modo geral e não a indivíduos peculiares ("extravagantes").

---

[36] Discuto em detalhes essa tese de que a hipótese do sonho consiste em uma radicalização da hipótese da loucura e que, portanto, a rejeição do argumento da loucura é temporária, em "*Notas sobre o argumento da loucura na* Primeira Meditação", *Revista Educação e Filosofia*, número especial – 2010.

Nesse argumento, Descartes introduzirá a possibilidade de que os sentidos não sejam, para os humanos, fonte segura de conhecimento da existência das coisas supostamente experimentadas: pode ser que, ao supostamente se perceber sensivelmente a existência das coisas singulares ou das situações particulares, na verdade ocorra o que ocorre quando dormimos e sonhamos.

Em condições ideais, costumeiras, as representações nos sonhos, assim como as do louco, não são produzidas diretamente a partir de dados sensíveis, mas dependem da fabricação por parte da imaginação daquele que sonha. A coisa sonhada pode não existir tal como a sonhamos no momento em que sonhamos. Apesar de ser fabricada, a imagem no sonho pode ser idêntica ao que percebemos como existente, o que nos induz a pensar que a coisa sonhada existe. E exatamente porque nos sonhos podemos fabricar representações idênticas às representações supostamente advindas diretamente dos sentidos (e, portanto, fieis às coisas que afetam os sentidos), e porque o único critério de conhecimento segundo a tradição é a percepção sensível, não temos meios para conhecer como as representações fabricadas pela imaginação nos sonhos se distinguem das representações supostamente advindas diretamente dos sentidos. É possível que todas as representações que nos parecem advir dos sentidos, e por isso nos parecem indícios de que as coisas singulares existem, sejam fabricadas como as que são fabricadas nos sonhos e na loucura. Nas palavras de Descartes,

> [Q]uantas vezes ocorreu-me sonhar, durante a noite, que estava vestido, que estava junto ao fogo, embora estivesse inteiramente nu dentro de meu leito? Parece-me agora que não é com olhos adormecidos que contemplo este papel; que esta cabeça que eu mexo não está dormente [...].

Entretanto, prossegue Descartes, "vejo tão manifestamente que não há quaisquer indícios concludentes, nem marcas assaz certas por onde se possa distinguir nitidamente a vigília do sono [...]"[*Ibid*]. Com o argumento do sonho, portanto, Descartes pretende ter posto em questão aquilo que escapara do primeiro argumento relativo às percepções sensíveis diretas: é possível que as representações que tenho da presença atual das coisas sejam fabricadas por mim e não oriundas dos sentidos. Mais uma vez o argumento se apoia na impossibilidade de distinguirmos percepções: aqui não temos critérios que distingam as percepções sensíveis oriundas das coisas e as percepções da imaginação fabricadas por mim. Esse argumento não seria eficaz, entretanto, se parasse por aqui. Descartes precisa ainda de um complemento do argumento que mostre que se a percepção for fabricada por mim ela pode ser falsa (e, de novo, que não tenho critérios para distinguir dentre as percepções fabricadas por mim as falsas e as verdadeiras).

Esse argumento que recorre à hipótese do sonho supõe que uma representação pode ser falsa pelo fato de ser produzida por mim. No sonho, as representações são falsas porque são frutos da minha imaginação e na vigília, a representação que me parece advir dos sentidos pode ser falsa porque pode, em vez disso, ter sido fabricada por mim, podendo, portanto, também ser fruto da minha imaginação. Descartes precisa, entretanto, dar um passo além e mostrar por que o fato de ser fabricada por mim, isto é, pela minha imaginação, tornaria uma imagem dubitável. Se o modelo cognitivo visado é o escolástico aristotélico, afirmar que uma ideia é produzida por mim, isto é, pela minha imaginação, não é suficiente para mostrar que essa ideia é dubitável, pois essa seria, segundo essa tradição, uma etapa legítima do processo cognitivo: a produção de imagens sensíveis. É, portanto, a complementação desse argumento que recorre ao sonho que, então, dará margem a Descartes pôr em questão outra etapa essencial do conhecimento segundo a tradição de inspiração aristotélica: a produção, pela imaginação, de imagens sensíveis.

Imediatamente depois da hipótese do sonho, Descartes introduz uma analogia entre as representações que temos em sonho, frutos da imaginação, fabricadas por esta, e os quadros ou pinturas. Através dessa analogia ficará clara a razão pela qual a impossibilidade de distinção entre ideias sensíveis e ideias da imaginação torna as ideias supostamente advindas dos sentidos não confiáveis como fonte de conhecimento. Ao comparar nossas ideias nos sonhos que não são diretamente fornecidas pelos sentidos, mas sim pela imaginação, com os quadros pintados a partir da imaginação dos pintores, Descartes admite a possibilidade de que "a imaginação [seja] assaz extravagante para inventar algo de tão novo, que jamais tenhamos visto coisa semelhante e que assim sua obra nos represente uma coisa puramente fictícia e absolutamente falsa [...]" [AT VII: 20]. Assim, ainda em condições ideais, Descartes põe agora a imaginação em questão: as ideias por nós compostas na imaginação podem ser arbitrariamente inventadas, como são alguns quadros dos pintores, e por essa razão não são confiáveis como fonte de conhecimento. Mais uma vez, como nas etapas anteriores da dúvida, o argumento aqui se baseia no fato de não termos meios de distinguir as percepções incorretas das corretas; nesse caso, não temos meios para distinguir dentre as composições da imaginação aquelas que são arbitrárias das que são necessárias[37]. E se é assim, é possível que a composição de imagens a partir de experiências (nossas ou de outros) não siga nenhuma regra necessária e, por isso, sua legitimidade é dubitável. Ainda que pudéssemos confiar nas percepções sensíveis das formas acidentais das coisas particulares, a arbitrariedade da operação que, a partir dessas percepções ou de percepções prévias, compõe as imagens das quais o inteligível seria abstraído pelo intelecto agente é suficiente para desqualificar a imagem sensível como condição para o conhecimento das coisas.

O passo seguinte da argumentação de Descartes envolverá a introdução da hipótese do Deus enganador, que aparece relacionada ao produto da operação puramente intelectual. Até aqui está claro que Descartes limitou-se a fazer o que anunciou no início das *Meditações*, a saber, mostrar a fragilidade da tese de que o conhecimento depende diretamente e/ou indiretamente de dados sensíveis. Como, segundo a tradição de inspiração aristotélica, a alma tem o poder de, através de uma função puramente racional exercida pelo intelecto agente, produzir o inteligível e a quantidade pelo processo de abstração a partir da imagem sensível, então é possível que a operação mental relacionada à hipótese do Deus enganador seja essa operação que, embora sendo uma operação puramente intelectual, ainda assim é dependente de uma imagem sensível. E essa a leitura que será agora sugerida.

Segundo a tradição escolástica de orientação aristotélica visada por Descartes, o objeto da Física é produzido por um grau de abstração que deixa de lado a matéria individual, mas não a matéria. No processo cognitivo, atra-

---

[37] Se para a tradição visada não há ideia no intelecto que não tenha antes passado pelos sentidos, qualquer critério de distinção entre ideias deverá ter os sentidos como base. Descartes, ao contrário, porque não adota esse princípio clássico, poderá mais tarde, na *Quinta Meditação* ao introduzir a Teoria das Naturezas Verdadeiras e Imutáveis, sem recorrer aos sentidos, introduzir critérios para distinguir as composições necessárias das composições arbitrárias da imaginação que não têm os sentidos como base.

vés da operação abstrativa, a Física deixa de lado o mundo singular, abstraindo o universal a partir dos dados sensíveis, mas retém a matéria. E a Matemática, também por meio de uma operação abstrativa, deixa de lado as propriedades sensíveis retendo apenas a quantidade, o sensível comum. Ambas as operações abstrativas têm, entretanto, origem nos dados sensíveis. Para deixar de lado o mundo singular, apreendendo o universal, a operação abstrativa da Física parte do mundo singular material dado aos sentidos e para deixar de lado a matéria, apreendendo a forma, a Matemática também tem origem no mundo material dado aos sentidos. É possível, portanto, que também aqui nessa etapa Descartes esteja cumprindo o que anunciou no início das *Meditações*: questionando a tese de que o conhecimento seja sempre dependente dos sentidos, ainda que indiretamente, como no caso da operação puramente racional da abstração. Nesse caso, a dúvida do Deus enganador não se aplicaria a ideias claras e distintas produzidas apenas pela razão, mas sim a ideias produzidas puramente pela razão, mas dependentes de um material fornecido dos ou pelos sentidos e seriam, por isso mesmo, obscuras e confusas.

Logo após a discussão das ideias da imaginação, Descartes apresenta o que escapa à dúvida relativa à imaginação: "ainda que essas coisas gerais, a saber, olhos, cabeça, mãos e outras semelhantes possam ser imaginárias, é preciso, todavia, confessar que há coisas ainda mais simples e mais universais que são verdadeiras e existentes; ..." Prosseguindo no texto, Descartes exemplifica essas coisas simples e universais: "... Desse gênero de coisas é a natureza corpórea em geral, e sua extensão; juntamente com a figura das coisas extensas, sua quantidade, ou grandeza, e seu número; como também o lugar em que estão, o tempo que mede sua duração e coisas semelhantes" [*Ibid*]. E em seguida, recorrendo às Matemáticas, acrescenta à lista dessas coisas que até aqui teriam escapado às razões de duvidar, certo tipo de operação racional quando afirma:

> [A] Aritmética e a Geometria e as outras ciências desta natureza, que não tratam senão de coisas muito simples e muito gerais, sem cuidarem muito em se elas existem ou não na natureza, contêm alguma coisa de certo e indubitável. Pois quer eu esteja acordado, quer esteja dormindo, dois mais três formarão sempre o número cinco e o quadrado nunca terá mais do que quatro lados [*Ibid*].

Note-se que, nesse acréscimo à lista do que não é produto da imaginação, Descartes chama a atenção para o que seria o produto das operações intelectuais: ideias da razão que não têm, necessariamente, qualquer elemento externo. Mais uma vez, se até esse momento nenhuma tese cartesiana foi introduzida, então a princípio, não foi introduzida ainda a possibilidade de essas operações da razão serem operações totalmente independentes dos sentidos. O que Descartes afirma aqui é que o produto dessas operações pode não ter qualquer relação com os sentidos.

Como vimos acima, segundo a tradição escolástica de inspiração aristotélica, alvo da crítica de Descartes, tanto a Física quanto a Matemática dependem da operação abstrativa: suas operações são puramente intelectuais e produzem ideias que não contêm elementos singulares e/ou materiais (o inteligível universal e a quantidade) mas são, ainda assim, operações que dependem de dados sensíveis, visto não haver ideia no intelecto que não tenha antes passado pelos sentidos. O fato de serem operações puramente intelectuais e o fato de o produto dessas operações não conter elementos sensíveis e/ou materiais não implicam, segundo essa tradição, que essas operações não dependam de dados sensíveis. Com efeito embora a Matemática e a Física operem independentemente do singular e do material respectivamente, o objeto sobre o qual essas operações se realizam são produzidos a partir dos sentidos. Como diz Tomás de Aquino:

> Encontra-se, portanto, uma tríplice distinção na operação do intelecto: uma, de acordo com a operação do intelecto que compõe e divide, que é chamada propriamente de separação; esta compete à ciência divina ou metafísica; outra de acordo com a operação pela qual são formadas as quididades das coisas, que é a abstração da forma da matéria sensível; esta compete à matemática; a terceira, de acordo com essa mesma operação [que é a abstração] do universal do particular; esta compete à física e é comum a todas as ciências, porque em todas as ciências deixa-se de lado o que é acidental e toma-se o que é por si (*Comentário ao Tratado da Trindade de Boécio*, Questão 5, art.3).[38]

[38] Neste trabalho não discuto a complexidade do tratamento de Tomás de Aquino do conceito de abstração, o que está além do escopo da discussão aqui apresentada. Para nosso objetivo basta mostrar que segundo a tradição visada por Descartes mesmo o conhecimento puramente intelectual é dependente, de algum modo,

Tendo em vista, como dito acima, a explicação da dúvida no Resumo das *Meditações*, e no início da *Primeira Meditação*, e tendo em vista que até esse ponto da *Primeira Meditação* nada foi dito acerca do que seria o modelo cognitivo cartesiano, isto é, acerca de ideias claras e distintas, e tendo em vista ainda a carta citada onde Descartes assume que a destruição dos princípios aristotélicos é o seu objetivo nas *Meditações*, de imediato é ao menos plausível que mesmo essa etapa da argumentação de Descartes diga respeito ao modelo escolástico/aristotélico de conhecimento e, portanto, ao modelo segundo o qual não há ideia no intelecto que não tenha antes passado pelos sentidos, e não às ideias claras e distintas que seriam produzidas pelo intelecto independentemente dos sentidos. É, portanto, possível que Descartes esteja aqui visando a concepção escolástica de ciência segundo a qual a operação mental abstrativa produz o inteligível e a quantidade, objetos da Física e das Matemáticas a partir de um material sensível. Sendo assim, ao introduzir a hipótese do Deus enganador logo em seguida à dúvida com relação à imaginação, ainda que esta se relacione à razão, trata-se da razão como é concebida pela tradição cujas operações cognitivas, ainda que puramente intelectuais, dependem dos sentidos. Nesse sentido, a menção à Matemática no contexto da *Primeira Meditação* consiste na introdução de um exemplo do exercício da razão que, embora puramente intelectual, é ainda dependente dos sentidos.

Em suma, para compreender o escopo da dúvida do Deus enganador segundo a leitura aqui sugerida, é necessário atentar para os seguintes pontos:

---

de uma abstração a partir do sensível e, portanto, é dependente dos sentidos. Para mais detalhes de como é tratado o tema da abstração pelo autor, veja-se, além do artigo 3 da questão 5 do *Comentário ao Tratado da Trindade de Boécio*, a *Suma Teológica*, artigo 84. Note-se ainda, que segundo essa passagem, Tomás de Aquino chama também de abstração a operação que constitui a Metafísica. O texto depois parece sugerir, entretanto, que no caso da Metafísica, segundo ele, o que ocorre não é propriamente a operação de abstração, mas sim a de separação. Ao menos aqui no texto do *Comentário*, Tomás de Aquino parece considerar que as condições de possibilidade da Metafísica não consistem na operação abstrativa, mas sim nos juízos negativos que negam modos ao ser. Em todo caso, mesmo os juízos metafísicos parecem, portanto, depender da apreensão do mundo material sensível a partir do qual é possível negar modos ao ser transcendente. No decorrer desse trabalho defendo que, ao rejeitar o modelo cognitivo de orientação aristotélica, Descartes pretende que tanto o conhecimento matemático quanto o metafísico têm como condição de possibilidade não os dados sensíveis, mas ideias inatas da razão pura.

a) na *Primeira Meditação* nenhuma tese cartesiana acerca do conhecimento foi introduzida e, ao contrário, o que Descartes explicitamente admite como único alvo da dúvida é o conhecimento advindo dos ou pelos sentidos; b) na carta dirigida ao editor das *Meditações,* Descartes afirma que sua argumentação crítica tem por alvo os princípios aristotélicos; c) entre os princípios sustentados pelos filósofos aristotélicos, o princípio epistêmico é aquele que determina que não há ideia no intelecto que não tenha antes passado pelos sentido; d) em harmonia com esse lema, segundo a tradição aristotélica visada por Descartes, tanto a operação abstrativa do inteligível na Física, quanto a operação abstrativa da quantidade na Matemática dependem dos sentidos na medida em que aquilo sobre o que suas operações puramente intelectuais se incidem é a imagem sensível.

A hipótese do Deus enganador é então introduzida nos seguintes termos:

> Ora, quem pode assegurar que esse Deus não tenha feito com que não haja nenhuma terra, nenhum céu, nenhum corpo extenso, nenhuma figura, nenhuma grandeza, nenhum lugar e que, não obstante, eu tenha o sentimento de todas essas coisas [...] E, mesmo, [...] que eu me engane todas as vezes em que faço a adição de dois mais três, ou em que enumero os lados de um quadrado, ou em que julgo alguma coisa ainda mais fácil? [ATVII: 21].

Como vimos acima, tendo em vista que, segundo Descartes, todo conhecimento anterior à dúvida fora obtido "dos sentidos ou pelos sentidos", e que a função da dúvida é questionar os "princípios sobre os quais todas as [...] antigas opiniões estavam apoiadas", é possível inferir que Descartes através da dúvida visa pôr em questão o modelo cognitivo tradicional que envolve o princípio segundo o qual todo conhecimento tem origem nos sentidos. Se é assim, também é possível afirmar que, ao chamar a atenção para operações puramente intelectuais no contexto da hipótese do Deus enganador, Descartes está se referindo à razão como tradicionalmente é concebida, isto é, a razão que opera sobre um material que depende de dados sensíveis na medida em que é abstraído desses. A noção de operação cognitiva puramente mental envolvida no modelo tradicional de inspiração aristotélica de conhecimento, modelo que, como vimos, Descartes expressamente alega ser seu alvo nas

Meditações, é a operação que supõe o processo abstrativo cujo material são os dados sensíveis. Ao introduzir a hipótese do Deus enganador e relacioná-la às ideias puramente intelectuais – ideias matemáticas e ideias de universais (da natureza corpórea em geral, que envolve alguma extensão, alguma figura, alguma grandeza, etc.) – Descartes, sem nomear, está tratando da etapa final da produção do conhecimento segundo a tradição: a produção dos universais que viabiliza a física ou a produção do conceito de quantidade que viabiliza as operações matemáticas, ambos supostamente produzidos pela operação abstrativa.

Contra essa leitura, logo de início seria possível afirmar que se as operações cognitivas puramente intelectuais (inclusive as operações das matemáticas) segundo a concepção aristotélica de razão também dependem dos sentidos, a rigor o resultado obtido por elas já estão postos em questão pelas etapas anteriores da dúvida e, portanto, o que seria uma dúvida que se baseia na hipótese do Deus enganador seria supérflua. Ao pôr em questão aquilo de que depende a produção do universal e da quantidade, a saber, a imagem sensível, Descartes desde então já minou a possibilidade de verdade daquilo que as operações puramente intelectuais, que incidem sobre esses objetos, produzem. Se não há processo abstrativo de universais ou de conceitos matemáticos (que são exemplos do resultado desse processo) sem dados sensíveis e se estes estão em questão antes de surgir o Deus enganador, então a verdade do produto das operações puramente intelectuais cujo material é produzido por esse processo abstrativo está em questão desde que a verdade do que é fornecido pelos sentidos está em questão. Se a razão só opera em objetos obtidos por abstração de dados sensíveis, a razão como fonte de conhecimento estaria em questão desde quando os sentidos e/ou a imaginação estão em questão, já que, como diz Descartes, "a ruína dos alicerces carrega necessariamente consigo todo o resto do edifício". Assim, se as operações puramente intelectuais visadas aqui são as operações das ciências da Física e da Matemática segundo o modelo cognitivo de inspiração aristotélica, que supõem um material obtido por abstração a partir dos sentidos, então a hipótese do Deus enganador seria inútil e supérflua se seu objetivo fosse pôr em questão a legitimidade desse uso da razão.

Mas se, segundo a interpretação aqui sugerida, a introdução da hipótese do Deus enganador, a rigor, é supérflua no que se refere a pôr em questão os produtos da razão, e se Descartes insiste em introduzi-la relacionando-a ao que seriam operações puramente mentais, então parece ser plausível pensar que essa hipótese tem outra função que não a de pôr em questão o resultado desse uso da razão. O decorrer das *Meditações* mostra que esta função é a de explicitar o uso da razão que está comprometido desde as etapas inicias da dúvida, preparando o leitor, assim, para a distinção entre este conceito de razão suposto pela tradição e o que seria o conceito legítimo de razão cuja operação cognitiva é imune às razões de duvidar: a razão cujas operações independem totalmente de dados sensíveis, produzindo ideias claras e distintas. A função da hipótese do Deus enganador nas *Meditações* seria, portanto, explicitar o uso corrompido da razão (dependente dos sentidos) que será mais tarde, como veremos, comparado ao uso correto da razão que é indubitável e independente dos sentidos.

Passo a seguir a examinar em que medida, a partir das *Meditações Segunda* e *Terceira,* Descartes expõe o uso da razão que é imune às razões de duvidar podendo então compará-lo com o uso ilegítimo que na *Primeira Meditação* é apresentado no contexto da hipótese do Deus enganador. Para sustentar essa hipótese interpretativa, passo a discutir passagens dessas meditações no sentido de reconstruí-las como envolvendo três etapas: 1) pelo argumento do *Cogito* e seu desdobramento, Descartes mostra que certo conhecimento escapa à razão de duvidar: conhecimento da minha existência e da minha natureza imaterial. Para mostrar que se trata de uma natureza imaterial, Descartes enfatiza que esse conhecimento é obtido através de ideias claras e distintas, independentemente dos sentidos (e, portanto, com um uso da razão diferente do sustentado pela tradição, cuja operação sempre depende dos sentidos, que está em questão pela dúvida apresentada na *Primeira Meditação*); 2) dada a introdução dessa primeira ideia clara e distinta aqui na *Segunda Meditação,* Descartes, na *Terceira Meditação,* antes da prova da existência de Deus, se dispõe a estender às ideias claras e distintas a dúvida da *Primeira Meditação* que, segundo minha leitura, até aqui se aplica apenas às ideias que resultam de operações da razão que dependem dos sentidos; 3) Descartes mostra que é impossível esta extensão da dúvida às ideias claras e distintas, passando então a dar mais exemplos (conhecimento da existência e da natureza de Deus) de como é possível conhecer através de ideias produzidas por operações da razão independentemente dos sentidos, isto é, através de ideias claras e distintas, que escapam às razões de duvidar. Descartes, portanto, nessas duas meditações mostra que a razão humana não fornece qualquer razão para duvidar das ideias claras e distintas, isto é, ideias obtidas sem qualquer auxílio dos sentidos e que, portanto, exatamente por isso, qualquer dúvida acerca da legitimidade dessas ideias não tem qualquer base racional, o que implica que, para os seres racionais, as ideias claras e distintas são as ideias que são consideradas verdadeiras. A passagem do indubitável para o verdadeiro, portanto, não é a passagem da certeza subjetiva para a verdade objetiva absoluta, mas sim a exibição de que aquilo que é indubitável segundos princípios racionais é tudo o que, para os seres racionais, conta como a verdade, ficando em aberto se essa verdade apreendida pelos seres racionais é toda a verdade, isto é, se é a verdade absoluta.

A discussão de passagens da Segunda e da Terceira Meditações terá como objetivo último, portanto, corroborar a leitura segundo a qual a hipótese de que a função da hipótese do Deus enganador na *Primeira Meditação* não é a de pôr em questão as ideias claras e distintas. Na esteira dessa discussão ficará claro que a função principal da hipótese do Deus enganador vai além da de pôr em questão o uso incorreto da razão, isto é, dependente dos sentidos que, à altura do aparecimento dessa hipótese na *Primeira Meditação*, já está, ainda que indiretamente, comprometido. O recurso a essa hipótese tem a função de tornar possível que o leitor, mais tarde, a partir da *Segunda Meditação* e da *Terceira Meditação* compare esse uso equivocado com o uso legítimo da razão a ser exposto em outras provas apresentadas no decorrer das *Meditações* e reconheça as ideias claras e distintas (independentes dos sentidos) como racionalmente indubitáveis e por isso mesmo como as melhores candidatas a serem fonte de conhecimento do ser racional finito.

Ideias claras e distintas, Deus enganador, Cogito e a prova da existência de Deus

No início da *Segunda Meditação*, no momento da descoberta da existência do eu, Descartes encontra um produto da razão que escapa às razões de duvidar. A descoberta revelada pelo argumento do *Cogito* parece ser um caso especial de produto da razão na medida em que escapa mesmo à possibilidade de um Deus enganador. É necessário então descobrir o que faz com que esse seja um caso especial de exercício da razão. No decorrer da *Segunda Meditação*, ao fazer uma análise imanente do que foi revelado pelo *Cogito*, no intuito de descobrir sua natureza, Descartes mostra que esse "eu" revelado por esse argumento não tem nenhuma relação necessária com o corpo. A pergunta pela natureza desse "eu" revelado surge imediatamente depois do argumento em que afirma a indubitabilidade da existência do "eu":

> "Mas não conheço ainda bastante claramente o que sou, eu que estou certo de que sou; de sorte que doravante é preciso que eu atente com todo cuidado, para não tomar imprudentemente alguma outra coisa por mim [...]" [ATVII: 25

Descartes recusa a explicação que recorre ao conceito de animal racional para explicar a natureza do "eu" revelado no argumento do *Cogito*, com base nas dificuldades e na complexidade de tal explicação. Passa então imediatamente à análise de uma antiga opinião, isto é, do que acreditara ser o eu: algo provido de um corpo, ou seja, "toda essa máquina composta de ossos e carnes, tal como ela aparece em um cadáver" e de uma alma, a qual relacionava os movimentos, os sentimentos e os pensamento do eu [ATVII: 26].

A seguir, a despeito da dúvida da *Primeira Meditação*, Descartes se pergunta se esse "eu" que escapa às razões de duvidar não traria consigo o corpo e, nesse sentido, se o corpo não seria reabilitado já aqui com essa primeira descoberta de algo que escapa às razões de duvidar. Enumera então as propriedades que a tradição considera ser as propriedades do corpo (ter uma figura, ocupar lugar no espaço, não ter movimento próprio e ser sensivelmente perceptível) [Ibid] e a seguir argumenta:

> "Posso estar certo de possuir a menor de todas as coisas que atribuí a pouco à natureza corpórea? Detenho-me em pensar nisto com atenção, passo e repasso todas essas coisas em meu espírito, e *não encontro nenhuma que possa dizer que exista em mim*" [ATVII: 27. Ênfase acrescentada][39].

Isto é, não há nada que me obrigue a relacionar o que seriam as propriedades do corpo com esse "eu", o que implica que não há qualquer necessidade lógica entre esse "eu" revelado no argumento do *Cogito,* que é extraído da indubitabilidade de certos atos (me iludir, me enganar, duvidar, pensar) e as propriedades consideradas como propriedades corpóreas (figura, lugar no espaço, ser sensivelmente perceptível e não ter movimento próprio). Depois de refletir sobre essas propriedades e o que gerou a descoberta da existência

[39]Para os adversários escolásticos de Descartes o conhecimento da natureza do intelecto (natureza imaterial da alma) tampouco depende de um processo abstrativo a partir de dados sensíveis, mas depende, ainda assim, dos sentidos. Por exemplo, o conhecimento concreto da natureza do intelecto, ainda que indiretamente, dependeria também, segundo Tomás de Aquino, da experiência sensível. O intelecto só conhece concretamente sua natureza por uma operação de reflexão: ele conhece os objetos, reflete sobre seu ato a partir do conhecimento dos objetos e ao conhecer seu ato se conhece como a faculdade de conhecer, de se conformar aos objetos. O conhecimento de si é, portanto, reflexivo. Só uma reflexão do intelecto sobre seu ato no ato de julgar permite conhecer a relação de conformidade de seu ato cognitivo à coisa. Julgar consiste em uma composição de um predicado e um sujeito (de uma forma a uma coisa). É nesse ato de composição que o intelecto conhece sua relação com a coisa. Na percepção, através do conceito, o intelecto visa a quididade da coisa e pelo juízo, através da cópula, relaciona esse conceito a um objeto, a uma alteridade e, ao mesmo tempo, volta-se sobre si mesmo e se conhece como o ato de se conformar à inteligibilidade dessa coisa, isto é, se conhece como o ato de visar um objeto. Nesse sentido, conhecer a natureza do intelecto envolve os atos cognitivos de conceber e julgar que, por sua vez, como vimos, supõem a sensibilidade. Nesse sentido, ainda que indiretamente, o conhecimento do intelecto de sua natureza depende do dado sensível. (*Suma Teológica* I, questão 87, artigo 1 e questão 84, artigo 7). Ao descartar qualquer conexão necessária entre o "eu" da *Segunda Meditação* com o corpo, Descartes parece estar descartando também a necessidade de qualquer recurso ao corpo para conhecer essa natureza.

do "eu" Descartes conclui que nenhuma conexão se manifesta[40]. A seguir, ao examinar a alma, Descartes descarta todas as propriedades supostamente da alma que de algum modo dependeriam do corpo na medida em que não há nenhuma conexão lógica evidente entre o corpo e esse "eu" e acrescenta: "[V]erifico aqui que o pensamento é um atributo que me pertence; só ele não pode ser separado de mim" [*Ibid*].

Essa brevíssima exposição da argumentação cartesiana para eliminar o corpo como elemento necessário para a explicação da natureza do "eu" revelado pelo argumento do *Cogito* não visa reconstruir a argumentação, mas apenas chamar atenção para o fato de que o que é descoberto no *Cogito* é algo imaterial (razão, intelecto, mente) e que esse conhecimento não dependeu de uma abstração a partir dos sentidos ou de qualquer recurso aos sentidos. Assim, a compreensão da existência e da natureza do que é revelado por esse argumento em nada depende dos sentidos, e isso implica que a operação cognitiva da razão que produz essa certeza não é o processo abstrativo a partir dos sentidos e nem supõe dados dos sentidos de modo algum. Por ideias puramente intelectuais percebo não haver conexão lógica entre o corpo e o "eu" descoberto e haver uma conexão necessária entre este "eu" e pensamento. Assim, na *Segunda Meditação,* ao caracterizar o que é revelado pelo argumento do *Cogito* como não tendo uma relação necessária com o corpo, Descartes pôde então caracterizar o que é especial no argumento do *Cogito* com relação ao uso da razão: a independência deste uso em relação aos sentidos e, portanto, a clareza e distinção da ideia produzida. Trata-se de uma ideia que escapa às razões de duvidar e que, diferentemente das antigas opiniões postas em questão na *Primeira Meditação,* se caracteriza por não ter qualquer relação de dependência com relação aos sentidos.

Como vimos nas etapas da dúvida com relação aos sentidos e à imaginação, para que um princípio fosse posto em questão, não bastou mostrar que o princípio às vezes produz crenças dubitáveis. Perceber a dubitabilidade de

---

[40] A tradução literal do original em latim: "Posso estar certo de possuir a menor de todas as coisas que atribuí há pouco à natureza corpórea? Presto atenção, penso, repenso e nada se apresenta". No original: "*Possumne affirmare me habere vel minimum quid ex iis omnibus, quae jam dixi ad naturam corporis pertinere? Attendo, cogito, revolvo, nihil occurrit ...*"

alguns produtos de um determinado princípio geral não torna o princípio dubitável a menos que não se possa distinguir esses produtos dubitáveis dos outros produtos (não dubitáveis) produzidos segundo o mesmo princípio. Com relação aos sentidos, Descartes argumenta que estes não são confiáveis porque enganam às vezes. O mesmo ocorre com a imaginação. Descartes na *Primeira Meditação* só pode considerar dubitáveis todos os dados dos sentidos e toda composição da imaginação, porque admite não haver meios para distinguir com relação às percepções sensíveis qual delas é correta, e não haver meios para distinguir se uma composição da imaginação é ou não arbitrária e falsa. Não sendo possível distinguir o produto correto do incorreto, conclui pela dubitabilidade desses princípios considerados em geral. Os argumentos que rejeitam os sentidos e a imaginação como etapas do conhecimento se baseiam na impossibilidade de se distinguir um produto ilusório do que não é ilusório: os sentidos às vezes me enganam e não tenho critérios para reconhecer quando me enganam e a imaginação porque é arbitrária pode produzir ideias ilusórias ou não, mas de novo, não tenho critérios para distinguir umas das outras.

Com relação ao princípio geral da razão, entretanto, através do argumento do *Cogito* Descartes parece mostrar ser possível distinguir um produto que é dubitável – o que é produzido por uma operação abstrativa dependente dos sentidos, posto em questão pelas dúvidas relacionadas aos sentidos e à imaginação e explicitada na hipótese do Deus enganador – de outro produto da razão que é indubitável, o que é produzido independentemente dos sentidos, cujo primeiro exemplo é o argumento do *Cogito*. Logo, diferentemente do princípio sensível (seja a percepção direta, seja a produção de imagens) como fonte de conhecimento, o princípio geral da razão como fonte de conhecimento não é posto em questão, pois é possível distinguir o uso correto do uso corrompido desse princípio. O que é posto em questão não é, portanto, o princípio geral da razão, mas sim o uso incorreto desta, isto é, o uso que depende dos sentidos. Em outras palavras, até aqui vimos que, para duvidar do princípio de que os sentidos são fonte de conhecimento, foi preciso mostrar que não há marcas que permitam distinguir os produtos dubitáveis dos sentidos e da imaginação, de um lado, e os outros produtos não dubitáveis dos sentidos e da imaginação, de outro lado. Minha hipótese é que, com relação ao princípio geral da razão, ao contrário, Descartes em momentos diferentes das *Meditações* apresenta dois usos distintos da razão e um critério preciso a partir do qual é possível distingui-los: a dependência ou não da operação cognitiva com relação aos sentidos. No que diz respeito à razão, só as ideias claras e distintas produzidas pela razão independentemente dos sentidos escapam às razões de duvidar. Na *Primeira Meditação*, através da hipótese do Deus enganador, Descartes explicita o uso da razão que até então está posto em questão, a saber, um uso da razão dependente dos sentidos e na *Segunda Meditação*, por meio do argumento do *Cogito*, mostra que há um uso correto e, portanto indubitável, a saber, o uso da razão que não é dependente dos sentidos, o que mais tarde, na *Terceira Meditação* e na *Quinta Meditação* será reafirmado com as provas da existência de Deus e com a prova da essência do mundo externo. A partir da *Segunda Meditação*, portanto, Descartes estaria explicitando o uso correto indubitável da razão, isto é, aquele cujas operações cognitivas não necessariamente dependem dos sentidos. Nesse sentido, após a explicitação desses dois diferentes usos da razão, fica claro que na *Primeira Meditação* a operação da razão que está em questão é aquela cujo produto da operação cognitiva é obscuro e confuso e não as ideias claras e distintas produzidas pelo uso da razão que prescinde dos sentidos. (Note-se que mais tarde, na *Sexta Meditação*, Descartes, na ocasião das provas da união e da existência do mundo externo, reabilitará certo uso dos sentidos como fonte de conhecimento. O que tornará claro que à tese da tradição segundo a qual todo conhecimento depende dos sentidos Descartes não contrapõe a tese segundo a qual nenhum conhecimento depende dos sentidos, mas apenas que nem todo conhecimento depende dos sentidos: o conhecimento metafísico e o conhecimento matemático são independentes dos sentidos).

Assim, na *Primeira Meditação* Descartes explicita as operações da razão em questão, a saber, a de produzir as ideias da natureza corpórea em geral (em oposição às ideias diretamente percebidas pelos sentidos [AT VII:21]), e as operações da matemática como exemplos da operação racional segundo a concepção tradicional de razão, a saber, as operações racionais que incidem sobre objetos ou conceitos obtidos a partir de dados sensíveis. E mais tarde, reconhecendo que o argumento do *Cogito* produz uma certeza independentemente de dados sensíveis, Descartes revela outro tipo de exercício da razão que se distingue da operação que depende do processo abstrativo, por sua independência dos sentidos e cujo resultado também se distingue do resultado desta por sua indubitabilidade e sua clareza e distinção. É possível a partir daí afirmar então que, ainda que certo uso da razão seja dubitável, a legitimidade do princípio geral da razão não é posta em questão, já que há critérios, a saber, a independência dos sentidos e a clareza e distinção, que permitem distinguir o produto dubitável do produto que escapa à dúvida.

Prosseguindo o exame do texto cartesiano: na *Terceira Meditação* (e não na *Primeira Meditação*), depois de ter introduzido ideias claras e distintas e, por conta destas, admitido como certas sua própria existência e sua natureza imaterial, Descartes se pergunta se é possível aplicar a dúvida mesmo a esse primeiro produto claro e distinto obtido independentemente dos sentidos:

> Nesse primeiro conhecimento [que sou uma coisa pensante] só se encontra uma clara e distinta percepção daquilo que conheço; a qual, na verdade, não seria suficiente para me assegurar de que é verdadeira se em algum momento pudesse acontecer que uma coisa que eu concebesse tão clara e distintamente se verificasse falsa [...][AT VII:65].

Em seguida, expressamente se pergunta se mesmo outras ideias claras e distintas (além das até agora introduzidas pelo argumento do *Cogito*) não poderiam ser atingidas por um Deus enganador:

> Mas, toda vez que essa opinião acima concebida do soberano poder de um Deus se apresenta a meu pensamento, sou constrangido a confessar que lhe é fácil, se ele o quiser, proceder de tal modo que eu me engane *mesmo acerca das coisas que creio ver por intuição como as mais evidentes aos olhos da mente* [*Ibid.* ênfase acrescentada].[41]

[41] Tradução de Fausto Castilho (2008) a partir da versão original em latim. Na versão francesa e, por conseguinte, na tradução de Bento Prado Junior, a expressão que indica "ver por intuição" que aparece no original em latim foi substituída por "conhecer". Na versão original lê-se *"etiam in iis quae me puto mentis oculis quam evidentissime intueri"*. M. Beyssade (1990) traduz por *"même dans ce dont je crois avoir avec les yeux de l'esprit l'intuition la plus evidente possible"*. Mantenho a expressão utilizada na versão original na medida em que o verbo "intuir", no sistema cartesiano, está nitidamente relacionado a ideias claras e distintas e meu ponto é que aqui as ideias claras e distintas estão sob possível questionamento.

E, imediatamente nega que isso ocorra:

> Toda vez, *ao contrário*, que me volto para as coisas elas mesmas que julgo perceber muito claramente, sou por elas persuadido de modo tão completo que, espontaneamente, prorrompo a dizer: engane-me quem puder, nunca poderá fazer no entanto que eu nada seja, enquanto eu pensar que sou algo ou que alguma vez seja verdadeiro que eu nunca fui, quando é verdadeiro que agora sou ou, talvez mesmo, que *dois juntos a três juntos fazem mais ou menos do que cinco, ou coisas semelhantes, nas quais reconheço manifesta contradição* [AT VII: 36. Ênfase acrescentada][42].

À tentativa de estender a dúvida ao produto da razão quando o exercício desta não é dependente de resultados fornecidos pelos sentidos, mas é produzido pela razão pura, cuja negação é contraditória, Descartes responde, portanto, negando essa possibilidade: nenhum Deus enganador pode me enganar, diz ele, quanto à verdade de ideias cuja negação reconheço como contraditória, isto é, quanto às ideias que percebo como evidentes, claras e distintas. Note-se que nessa passagem, ao enumerar aquilo que não é atingido pela dúvida ("engane-me quanto puder, nunca poderá fazer"), Descartes inclui não só os princípios e noções comuns, mas também a matemática e tudo cuja negação envolve contradição. Essa passagem é bem clara quanto à afirmação de que escapam à dúvida não só os princípios e as noções comuns que são ideias claras e distintas imediatamente percebidas, mas também as ideias da matemática, o que sugere que toda ideia clara e distinta escapa e não apenas as imediatamente percebidas. Note-se que as ideias matemáticas são aqui introduzidas ao lado do *Cogito* e de uma noção comum como imune à dúvida, bem como qualquer ideia não contraditória. Se adotarmos a leitura tradicional segundo a qual a dúvida baseada na hipótese do Deus enganador põe em questão as ideias claras e distintas que constituem as ideias da matemática, como explicar que aqui a matemática apareça como imune a esta razão de duvidar? Se, ao contrá-

[42] Tradução de Fausto Castilho (2004). Na versão francesa e, por conseguinte, na tradução de Bento Prado Junior, o termo "contradição" não aparece. Tendo em vista que as ideias claras e distintas são aquelas cuja negação implica em contradição, mantenho a versão original, já que indica mais claramente tratar-se de ideias claras e distintas. Na versão original: "*in quibus acilicet repugnantiam agnosco manifestam*".

rio, adotarmos a interpretação aqui sugerida segundo a qual a matemática que aparece na *Primeira Meditação* não é a matemática constituída por ideias claras e distintas, mas sim a matemática cujo objeto é abstraído dos sentidos, essa passagem não parece ser problemática. Na *Primeira Meditação* a matemática posta em questão é a que depende dos sentidos (como todo conhecimento posto ali em questão) porque ali o diálogo é entre o cético e o filósofo escolástico de inspiração aristotélica. Na *Segunda Meditação*, uma vez descoberto, por uma operação do entendimento puro, o eu que é puro pensamento, o sujeito do diálogo é não mais o cético, mas sim o sujeito cartesiano segundo quem é possível conhecimento claro e distinto, isto é, independente dos sentidos. Assim, a partir da *Segundo Meditação* é possível dizer que a matemática de que tratará Descartes é a matemática cartesiana, isto é, a matemática que se esgota em suas operações do intelecto puro e que, exatamente por não depender dos sentidos, assim como os princípios e as noções primitivas, escapam às razões de duvidar. Essa noção de matemática introduzida aqui na *Terceira Meditação* será mais tarde, na *Quinta Meditação*, explicitada com a introdução da Teoria das Naturezas Verdadeiras e Imutáveis.

Há dois pontos relativos à interpretação dessa passagem que com frequência são usados para a defesa de uma interpretação bem diferente. Com frequência se afirma que aqui Descartes está afirmando: (a) que quando se trata de ideias claras e distintas simples e/ou imediatamente apreendidas por intuição não posso duvidar; (b) que embora não possa duvidar quando diante dessas ideias claras e distintas, não posso ainda dizer que as conheço, mas apenas que estou persuadido de sua verdade. Assim, Descartes aqui não estaria negando a possibilidade de se pôr em questão as ideias claras e distintas, mas sim mostrando que certas ideias porque apreendidas imediatamente são indubitáveis. Mais ainda, ainda que essas ideias sejam indubitáveis, através delas não tenho ainda propriamente conhecimento, mas apenas estou plenamente persuadido de sua verdade. Quanto ao ponto (a) insisto em chamar a atenção para o fato de que o texto não parece indicar que se trate aqui apenas de ideias simples ou, em termos cartesianos, de noções primitivas e princípios imediatamente apreendidos por intuição. Descartes afirma que a existência do "eu" como coisa pensante (que seria uma dessas noções simples claras e distintas), mas também as operações matemáticas e coisas semelhantes que não envolvem contradição escapam da dúvida. E as ideias matemáticas e as coisas que não envolvem contradição não são necessariamente simples, ou noções primitivas ou princípios. O que há de semelhante entre a ideia do "eu" e essas ideias não é o fato de serem simples ou primitivas, mas sim o fato de que são claras e distintas. Mais uma vez, se a matemática posta em questão na *Primeira Meditação* fosse a matemática constituída por ideias claras e distintas e resultante de operações claras e distintas, por que Descartes enumeraria aqui, antes da prova da existência de um Deus veraz, ideias matemáticas e ideias não contraditórias dentre aquilo que escapa à razão de duvidar? Se, por outro lado, como sugerimos, na *Primeira Meditação* a matemática visada é a matemática segundo a concepção aristotélica, isto é, a matemática que ainda que remotamente depende em sua origem da matéria sensível, então aqui Descartes pode reintroduzir a matemática, mas agora a matemática segundo sua própria concepção: a matemática cujas ideias são inatas, isto é, constituídas independentemente de qualquer relação com o sensível. As ideias matemáticas que escapam à dúvida ao lado do *Cogito* e das noções comuns, embora não sejam imediatamente dadas, resultam de operações claras e distintas que produzem ideias claras e distintas. Assim, tanto as ideias imediatamente apreendidas por intuição quanto as ideias resultantes de operações claras e distintas segundo elos claros e distintos e, portanto, apreendidas por dedução, escapam às razões de duvidar segundo esse texto. Mais ainda, as ideias semelhantes a esses dois tipos de ideia, diz Descartes, também escapam às razões de duvidar. Mas se o que elas têm em comum não é o fato de serem imediatamente dadas (já que umas, as da matemática, dependem de passos de argumentação) e sim o fato de serem claras e distintas, então as ideias que escapam às razões de duvidar não são apenas as que são imediatamente dadas, mas sim todas as ideias claras e distintas. O que caracteriza as ideias que escapam às razões de duvidar é o fato de serem independentes dos sentidos, isto é, claras e distintas e não o fato de serem apreendidas por uma intuição imediata.

Quanto ao ponto (b), que pretende que aqui Descartes teria introduzido uma distinção entre persuasão e conhecimento, vale o recurso à letra do texto logo a seguir, referente à necessidade da prova da existência de Deus. Apesar dessa rejeição à aplicação da dúvida ao que aparece como claro e distinto Descartes imediatamente a seguir afirma a necessidade da prova da existência de

Deus como relacionada ao conhecimento. Nesse contexto, chamo atenção para o fato de que há uma diferença, a meu ver bastante significativa, entre o texto da versão francesa do Duque de Luynes e o do original em latim. A tradução literal do texto em latim seria:

> Mas, para eliminar, ela também [a hipótese do Deus enganador] tão logo a ocasião se apresente, devo examinar se há um Deus e, havendo, se pode ser enganador. Pois, na ignorância disso, não parece que eu possa jamais estar *completamente certo de nenhuma outra coisa* [*Ibid.* Ênfase acrescentada][43].

E a tradução de Bento Prado Junior da versão francesa do Duque de Luynes:

> Mas, a fim de poder afastá-la [a hipótese do Deus enganador] inteiramente, devo examinar se há um Deus, tão logo a ocasião se apresente; e, se achar que existe um, devo também examinar se ele pode ser enganador: pois sem o conhecimento dessas duas verdades, não vejo como posso jamais *estar certo de coisa alguma* [AT IX: 28. Ênfase acrescentada][44].

Note-se, portanto, que na versão francesa a expressão "nenhuma outra coisa" (*ulla alia*) que aparece na versão em latim é substituída por "coisa alguma" (*d'aucune chose*), o que, ao menos à primeira vista, muda o significado da passagem: ou, como é com frequência sustentado, segundo Descartes, sem o conhecimento da existência de Deus não posso conhecer coisa alguma, como aparece na versão francesa (o que reforçaria a interpretação segundo a qual Descartes põe em questão as ideias claras e distintas e aqui estaria introduzin-

[43] Tradução de Fausto Castilho (2004). Tradução para o francês de M. Beyssade (1990) dessa passagem em latim: "Mais pour la supprimer elle aussi, dès que l'occasion se présentera, je dois examiner s íl y a un Dieu et, s'il existe, s'il peut être trompeur: en effet, tant que cela n'est pas connu, il ne semble pas que je puisse jamais être pleinement certain de *rien d'autre*". No original: "Ut autem etiam illa tollatur quamprimum occurret occasio, examinare debeo an sit Deus, et, si sit, an possit esse deceptor; hac enim re ignorata, non videor de ulla alia plane certus esse unquam posse".

[44]Na tradução do Duque de Lyunes: "Mais afin de la pouvoir tout à fait ôter, je dois examiner s'il y a un Dieu, sitôt que l'occasion s'en présentera; et si je trouve qu'il y ait un, je dois aussi examiner s'il peut être trompeur: cas sans la connaissance de ces verités, je ne vois pas que je puisse jamais être certain d'aucune chose".

do uma distinção entre persuasão e conhecimento); ou, segundo ele, sem o conhecimento de Deus não posso conhecer outras coisas além das que já tenho assegurado, isto é, além do conhecimento obtido através de ideias claras e distintas (o que reforçaria a interpretação segundo a qual o conhecimento através de ideias claras e distintas não é posto em questão).

Contra a interpretação frequentemente sustentada que se baseia na versão francesa, me atenho a essa passagem, tal como aparece na versão original em latim onde se confirma a leitura sugerida acima de que as ideias claras e distintas não são postas em questão nem mesmo aqui na *Terceira Meditação* depois de já terem sido introduzidas no sistema através do argumento do *Cogito*. Essa escolha envolve dois argumentos. O primeiro diz respeito ao todo das *Meditações*: Descartes de fato no final das *Meditações* terá que recorrer à existência de um Deus veraz para garantir conhecimentos, mas não aqueles adquiridos através de ideias claras e distintas e sim através das sensações como, por exemplo, o conhecimento da união corpo e alma e o da existência do mundo externo. Na *Sexta Meditação* Descartes recupera alguns conhecimentos fornecidos pelos sentidos postos em questão na *Primeira* e alega que é a veracidade divina que garante ao menos alguns conhecimentos fornecidos por sensações (às vezes conjugados a uma inclinação incorrigível): conhecimento da união corpo e alma, da existência do mundo externo e do que é benéfico ou maléfico para o composto corpo e alma. Isso indica fortemente que o Deus veraz garantirá outros conhecimentos que não os obtidos por ideias claras e distintas, confirmando a preferência pelo texto original das *Meditações*.

O outro é um argumento textual: imediatamente após afirmar que Deus não pode enganar quanto às ideias cuja negação percebo como contraditória (ideias caras e distintas, portanto), Descartes acrescenta essa passagem onde afirma que só pode estar certo de conhecer "qualquer *outra* coisa" ou "qualquer coisa" (dependendo da versão) se antes conhecer a existência de Deus e sua veracidade. O fato de imediatamente depois de afirmar estar completamente persuadido da verdade de certas ideias (as noções primitivas, a matemática e as ideias cuja negação reconhece como contraditória) Descartes afirmar a necessidade do conhecimento da existência de Deus para que se possa conhecer claramente indica que esse conhecimento da existência de Deus não servirá para garantir o conhecimento dessas coisas percebidas por ideias claras e distintas das quais já estou plenamente persuadido, mas sim para garantir outros conhecimentos, conhecimentos de coisas percebidas por outro meio.

Até aqui, segundo a leitura sugerida, embora tenha se perguntado pela possibilidade de estender a dúvida às ideias claras e distintas, por meio de exemplos (argumento do *Cogito,* noções primitivas, operações matemáticas e coisas semelhantes) Descartes afirma que a verdade dessas ideias não é posta em questão e que a necessidade da prova da existência e veracidade de Deus diz respeito à legitimação de outro tipo de conhecimento. A prova da existência de Deus exerce ainda outro papel no todo do sistema cartesiano: sua estrutura exibe o modo legítimo do uso da razão (uso que independe inteiramente dos sentidos) na medida em que seu resultado é indubitável. A exibição desse uso da razão permite a comparação com o uso da razão posto em questão na *Primeira Meditação* (dependente dos sentidos), o que por sua vez permite tornar as ideias claras e distintas como índices da verdade (e não mais como exceções à dúvida como foi o caso no argumento do *Cogito* e poderia ser o caso de noções primitivas, imediatamente apreendidas). Minha hipótese, portanto, é que dois tipos de conhecimento são legitimados pela prova da existência de Deus e de modos diferentes: um tipo de conhecimento é legitimado pela estrutura da prova, que consiste no exercício mesmo da razão que em momento nenhum recorre a dados dos sentidos e cujo resultado, por isso mesmo, é indubitável; e o outro tipo de conhecimento é legitimado pelo resultado da prova, isto é, pela existência de um Deus veraz. Por um lado, a estrutura da prova apresentada na *Terceira Meditação* exibe um modo de operar da razão que independe dos sentidos e que por isso mesmo não pode ser posto em questão (dado que a dúvida incide apenas ao conhecimento adquirido "dos sentidos ou pelos sentidos", como vimos acima). Desse modo, a estrutura da prova mostra que há uma operação da razão que consiste na operação legítima para o ser racional finito conhecer, em oposição à razão que opera sobre dados sensíveis dubitáveis. A estrutura da prova (os passos e os elos entre eles, todos eles independentes dos sentidos e, nesse sentido, indubitáveis) legitima, portanto, as ideias claras e distintas como fontes de conhecimento para os seres racionais, na medida em que são imediatamente percebidas como claras e distintas ou resultam de argumentos, eles mesmos, claros e distintos. Nesse sentido, a estrutura da prova da existência de Deus torna padrão o que no argumento do *Cogito* aparece como uma exceção: a prova é mais um exemplo da indubitabilidade dos resultados de certo exercício da razão. E, por outro lado, o que é provado, a saber, a existência de Deus, juntamente com a prova de sua veracidade irão mais tarde legitimar a verdade de ideias que envolvem outro meio de conhecer, a saber, as sensações e/ou uma inclinação ou um ensinamento da natureza incorrigíveis.

O fato de as ideias claras e distintas e as sensações e/ou inclinações incorrigíveis serem legitimadas como conhecimento respectivamente pela estrutura da prova e pelo que é provado por ela (Deus veraz) não significa entretanto que se trate necessariamente da garantia de um conhecimento absoluto. É possível, como sustento, que o que é garantido seja que certo uso da razão (o que é indubitável) e uma certa inclinação (a que é incorrigível) constituam conhecimento para o ser racional finito. Nessa medida, no que diz respeito à razão, o que é garantido com a estrutura da prova da existência de Deus seria que esse uso da razão independente dos sentidos e, por isso mesmo indubitável, é o melhor candidato para ser o instrumento de certo conhecimento (metafísico e da matemática) dos seres racionais. O máximo que o ser racional pode conhecer nessas áreas é aquilo que segundo os princípios racionais é indubitável. Por um lado, o que a prova da existência de Deus mostra é que por meio do exercício legítimo da razão chega-se a esse máximo de conhecimento possível para os homens. Por outro lado, a existência de um Deus veraz, mais tarde, na *Sexta Meditação,* porque dependente de uma prova indubitável por ser clara e distinta, garantirá a legitimidade de certas ideias dos sentidos como, por exemplo, a que provoca uma inclinação fortíssima e incorrigível a considerarmos que as ideias sensíveis advêm de coisas externas. Mais uma vez, o que está garantido, a princípio, é que essa inclinação incorrigível aponta para aquilo que os homens tomam como conhecimento. Em nenhum dos dois casos fica necessariamente garantido que o conhecimento é da verdade absoluta, isto é, da verdade do ponto de vista de Deus.

As passagens citadas e examinadas acima, entretanto, como dissemos, não são usualmente interpretadas desse modo. Tradicionalmente considera-se que nelas Descartes afirma que a verdade das ideias claras e distintas, já posta em questão na *Primeira Meditação* (ou na *Terceira,* segundo alguns como

Frankfurt) pela hipótese do Deus enganador, só poderá ser garantida pela eliminação dessa hipótese através da prova da existência de um Deus veraz. Sem o conhecimento de que Deus existe e é veraz, segundo Descartes, não se poderia ter conhecimento de coisa alguma. Essa interpretação, portanto, privilegia a versão francesa do Duque de Luynes que substitui os termos que no original em latim expressam "conhecer outra coisa" por "conhecer alguma coisa". Mais ainda, o que é garantido pela existência de Deus veraz é o conhecimento absoluto na medida em que garantiria a passagem da persuasão racional subjetiva para o que seria o conhecimento objetivo.

Em termos gerais essa interpretação usual das passagens examinadas envolve: 1) que as ideias claras e distintas sejam postas em questão (na *Primeira* ou na *Terceira Meditação*) e o que Descartes afirma nas passagens posteriores seja que, embora diante de uma ideia clara e distinta o sujeito racional se veja plenamente persuadido, a verdade da regra da verdade e, por conseguinte, a verdade de qualquer ideia clara e distinta não está garantida. O sujeito racional é racionalmente persuadido, mas dada a hipótese do Deus enganador, pode estar persuadido de uma falsidade, o que, entretanto, não pode ser detectado no momento em que a mente está atenta a uma ideia clara e distinta. Nesse sentido, a prova da existência de Deus marcaria a passagem da certeza racional subjetiva para a verdade absoluta, ou da evidência racional para a verdade. Segundo essa interpretação usual, para Descartes não basta que os princípios racionais mostrem como evidentes essas ideias, seria preciso que Deus garantisse que essa evidência racional é marca da verdade. Essa interpretação parece, portanto, claramente sugerir que a questão do conhecimento tratada por Descartes na *Meditações* é a questão da passagem da certeza racional subjetiva para a verdade objetiva e, por isso mesmo, absoluta; 2) o que é posto em questão pela hipótese do Deus enganador não é a verdade das ideias claras e distintas em qualquer circunstância, já que estas, quando presentes em uma mente atenta, não podem ser postas em questão, visto que segundo Descartes, diante de uma ideia clara e distinta, a adesão é irresistível. Segundo essa leitura usual, o que é posto em questão é a regra da verdade segundo a qual as ideias claras e distintas são verdadeiras, visto que as ideias claras e distintas perdem o poder persuasivo quando consideradas retroativamente. É nesse contexto que Beyssade (1997, p.15), um dos representantes dessa interpretação, afirma que, "A veracidade divina é requerida para se passar de um estado de fato concernente a minha mente, como é o caso da irresistível adesão ao claro e distinto, para um estado jurídico ou de direito concernente à verdade da coisa". Ao atribuir à prova da existência de Deus veraz a função de garantir a legitimidade das ideias claras e distintas consideradas retrospectivamente, o que está implícito é que essa é a garantia da possibilidade de se atingir o conhecimento absoluto, já que as ideias claras e distintas seriam as ideias através das quais garantidamente se atinge a verdade. Na medida em que o Deus veraz garante a passagem da persuasão para a verdade, implicitamente se aceita que se trata da passagem da certeza (subjetiva) para a verdade (absoluta). Se a certeza é fundada nos princípios da razão, parece claro que passar da certeza para a verdade é legitimar esses princípios racionais como fontes de conhecimento da verdade absoluta em oposição ao que seria apenas uma persuasão relativa a esses princípios racionais.

Como ressalta Beyssade em seu artigo (1997), entretanto, embora a instauração da dúvida do Deus enganador exija que a mente não esteja atenta à ideia clara e distinta, e que, portanto a prova da existência de Deus garanta a verdade das ideias que nos recordamos ter em outra ocasião muito clara e distintamente concebida, é equivocado afirmar que a dúvida e a garantia incidem sobre a memória e sua fidelidade. Isto é claro na resposta irônica de Descartes diante da insistência de Burman em interpretar tanto a hipótese do Deus enganador quanto a prova da existência de Deus como referidas à memória das ideias claras e distintas (em oposição a sua percepção atual):

> "Nada tenho a dizer acerca da memória. Todo mundo deveria testar a si próprio para ver se é bom em lembrar-se. Se houver dúvida acerca desse ponto, então deve-se fazer uso de notas escritas e etc., para ajudá-lo" [AT V: 148].

Assim, a princípio, segundo a interpretação usual, a hipótese do Deus enganador introduziria uma dúvida que diria respeito não à faculdade da memória que me permite lembrar das ideias claras e distintas, e o Deus veraz não seria a garantia de que aquilo que me lembro de ter compreendido clara e distintamente de fato compreendi clara e distintamente. A dúvida e a prova diriam respeito ao próprio valor da evidência presente e a adesão irresistível provocada por ela. As ideias claras e distintas não podem ser postas em questão no momento em que a evidência é percebida porque no momento da evidência presente, nas palavras de Beyssade, "a mente estava como que surda ou cega, fechada a todas as objeções" (Id., p. 18). O desvio de atenção, portanto, não abre a possibilidade de que as ideias de que me lembro ter compreendido clara e distintamente talvez não tenham sido compreendidas assim. O desvio de atenção é necessário porque abre a possibilidade de que o que percebo clara e distintamente não o seja na medida em que liberta a mente do arrebatamento irresistível da evidência. Segundo a interpretação usual, portanto, as passagens acima citadas e discutidas consistiriam na preparação para a prova da existência de Deus e de sua veracidade que, afinal, destruiria a possibilidade de um Deus enganador e fundamentaria a possibilidade de a razão atingir a verdade absoluta, garantindo a passagem da persuasão racional para o conhecimento objetivo.

Em vista dessa interpretação usual, que culmina na tese de que o sistema cartesiano atribui a Deus o fundamento do conhecimento absoluto da verdade, e considerando que minha leitura da tese cartesiana da livre criação das verdades eternas envolve que Deus seja enganador no sentido específico de não criar um mundo totalmente dócil às faculdades cognitivas do ser racional finito, cabe examinar essas passagens com mais detalhe, visando mostrar que nelas pelo menos não está claro que Descartes considera que a prova da existência de Deus garante o conhecimento absoluto, isto é, a verdade do ponto de vista de Deus. Com esse fim, chamo atenção para alguns detalhes do texto da *Meditações*, um deles já mencionado acima, que parecem trazer embaraço a essa leitura usual segundo a qual a prova da existência de Deus garantiria a passagem do que seria uma persuasão racional subjetiva para o que seria o conhecimento absoluto objetivo.

Primeiramente, no texto original em latim das *Meditações*, Descartes nessas passagens usa expressões muito similares, que denotam certeza e não propriamente conhecimento absoluto: quando se refere ao que pela leitura usual é considerado como persuasão, Descartes usa a expressão estar "persuadido por completo": "[...] Toda vez, ao contrário, que me volto para as coisas elas mesmas que julgo perceber muito claramente, sou por elas *persuadido de modo tão completo* que [...]"[45]; e quando se refere ao que por essa leitura usual é considerado já como conhecimento absoluto, usa "completamente certo": "[...] Pois, na ignorância disso [se há um Deus veraz], não parece que eu possa jamais estar *completamente certo* de nenhuma outra coisa" [ATVII:36]. Ele diz, estar "persuadido por completo" (*tam plane ab illis persuadeor*) no primeiro caso, isto é, quando diante de ideias claras e distintas, e que estará "completamente certo" (*plane certus*) no segundo caso, isto é, após a prova da existência de Deus[46]. Assim, apelando para o próprio texto das *Meditações*, nada parece indicar que com a prova da existência de Deus haja a garantia da passagem de uma certeza meramente subjetiva (ainda que clara e distinta) para a verdade objetiva, o que torna menos plausível a leitura segundo a qual esta prova é a garantia cartesiana do conhecimento da verdade do ponto de vista absoluto. As expressões utilizadas para exprimir o estado cognitivo antes e depois da prova da existência de Deus são semelhantes e ambas denotam certeza plena e não conhecimento absoluto: "persuadido por completo" e "completamente certo".

O segundo detalhe do texto, este já indicado acima, e que é manifesto na diferença entre o texto original e a versão francesa, diz respeito ao fato de que no texto original Descartes não parece afirmar que sem o conhecimento da existência de Deus não poderia conhecer coisa alguma, mas sim que não poderia ter outros conhecimentos ("*hac enim re ignorata, non videor de ulla alia plane certus esse unquam posse*")[47]. Se concedemos, como quer a leitura usual, que na passagem imediatamente anterior Descartes não afirma que as ideias claras e distintas são imunes ao Deus enganador, mas sim que o sujeito racional é apenas subjetivamente persuadido da verdade dessas ideias, verdade esta

[45] Na versão francesa do Duque de Luynes e na tradução para a língua portuguesa de Bento Prado Junior, a expressão que indica que a persuasão é completa, plena foi suprimida. Na versão original em latim lê-se "*tam plane ab illis persuadeor*". Beyssade traduz essa passagem por: "*je suis si pleinement persuadé par eles*".

[46] Na tradução francesa do Duque de Luynes também são usados termos semelhantes na primeira e na segunda passagem: "*tellement persuadé*" no primeiro caso e "*être certain*" no segundo.

[47] Nesse caso a tradução francesa parece desviar-se do original e dar alguma base à leitura a qual me oponho: "*je ne vois pas que je puisse jamais être certais d'aucune chose*".

que necessita ainda de uma garantia, então é de se esperar que logo a seguir Descartes afirme não que a prova da existência de Deus é necessária para garantir outros conhecimentos, como o faz, mas sim para garantir todo conhecimento supostamente adquirido por essas ideias claras e distintas, do qual o sujeito estaria apenas subjetivamente persuadido. Mas se, como sugiro, na passagem imediatamente anterior Descartes admite que não podia ser enganado nem mesmo por um suposto Deus enganador quanto à verdade das ideias claras e distintas, então parece razoável que nessa passagem imediatamente seguinte Descartes declare, como de fato o faz no texto original, a necessidade de garantir o conhecimento de outras coisas, e não do que é fornecido por ideias claras e distintas. Desse modo faz sentido que ele afirme, bem como no original, a necessidade de garantir *outros* conhecimentos e não *todo* conhecimento.

Além dessas indicações textuais relacionadas ao modo como se interpreta o escopo da dúvida apoiada na hipótese do Deus enganador e a função da prova da existência de Deus nas *Meditações*, há ainda outra razão que parece abalar a interpretação usual. A plausibilidade dessa leitura geral usual – segundo a qual a prova da existência de Deus garante a verdade das ideias claras e distintas, garantindo a passagem da persuasão racional subjetiva para o conhecimento objetivo absoluto – depende sobretudo da possibilidade de se mostrar que a ao menos aparente instauração do círculo cartesiano, problema amplamente discutido na literatura secundária, é de fato apenas aparente.

De um modo geral, os argumentos que pretendem deixar claro que não há círculo na argumentação cartesiana se apoiam nessa distinção entre percepção imediata atual e percepção que depende de passos na argumentação. Defendem que a prova da existência de Deus parte de uma percepção atual, clara e distinta cuja atualidade compele à persuasão e vai garantir a verdade de uma regra geral, segundo a qual toda ideia clara e distinta é verdadeira; ou que a própria prova da existência de Deus é uma percepção atual, clara e distinta cuja atualidade compele à persuasão e garantirá a regra geral. Não haveria círculo na argumentação porque o ponto de partida (ou toda a prova) é uma percepção atual, clara e distinta que enquanto percebida não pode ser posta em questão e por essa razão a adesão a essa ideia é irresistível. Uma vez provada a existência de Deus, retroativamente é garantida a verdade de toda e qualquer percepção clara e distinta, independentemente de sua atualidade. Isto é, embora não seja possível duvidar da ideia clara e distinta quando esta está presente à mente, é possível ainda a dúvida metafísica acerca da verdade das ideias claras e distintas pondo em questão a regra da verdade. Quando diante de uma ideia clara e distinta, aquele que percebe está persuadido de sua verdade, de tal modo que a adesão a esta é inevitável. Mas esta persuasão ainda não é conhecimento, visto que a regra geral de que toda ideia clara e distinta é verdadeira ainda estaria em questão por meio do seria a dúvida que recorre à hipótese do Deus enganador.

Essa defesa usual de que, quanto à fundamentação cartesiana do conhecimento não há círculo, baseada na temporalidade da percepção, parece fornecer, ao contrário, um argumento decisivo para recusá-la. Essa explicação de que não há círculo porque a prova da fundamentação do conhecimento depende de uma ideia clara e distinta atualmente percebida que como tal escapa à dúvida acerca da verdade das ideias claras e distinta parece se basear apenas em uma descrição de um funcionamento psicológico do sujeito que conhece e não em uma argumentação propriamente filosófica. Isto é, essa explicação que recorre à temporalidade das percepções claras e distintas teria que enfrentar o problema que exponho a seguir. A irresistibilidade da adesão às ideias claras e distintas diretamente percebidas, segundo Descartes, se funda em razões. Isto é, trata-se de uma compulsão racional e não meramente psicológica. É por que tenho fortes razões para crer na verdade dessas ideias e nenhuma razão para duvidar dessa verdade que sou irresistivelmente inclinado a crer na verdade delas, isto é, a dar a elas minha adesão. Ora, mas se supostamente há uma razão (ainda que metafísica: a possibilidade de um Deus enganador) para duvidar da verdade das ideias claras e distintas, esse quadro de irresistibilidade nunca ocorreria, nem mesmo quando diante de qualquer ideia clara e distinta. Supostamente, segundo essa interpretação, há uma razão para duvidar da verdade das ideias claras e distintas (é possível que haja um Deus enganador), além das fortíssimas razões para crer na verdade de cada uma no momento em que é percebida. A incapacidade de se aplicar às ideias claras e distintas atualmente percebidas a dúvida do Deus enganador que supostamente põe em questão as ideias claras e distintas parece implicar em uma certa incapacidade (que nos termos de Beyssade, como vimos acima, se traduz numa "cegueira ou surdez" temporária da mente) de se considerar razões (nesse caso a hipótese de um Deus enganador) que são relevantes para a não adesão racional a ideias. Nada parece explicar o que levaria a essa incapacidade de se levar em conta razões, se a adesão irresistível se funda justamente em razões. O arrebatamento irresistível da mente por parte das ideias claras e distintas atuais se deve não a algo psicológico e misterioso, mas sim às razões que confirmam a verdade da ideia e à ausência de razão para duvidar. Mas se é possível a dúvida metafísica que põe em questão a verdade das ideias claras e distintas, então, parece, não há essa situação em que não há razão para duvidar e, nesse sentido, não haveria o arrebatamento irresistível. A interpretação usual precisa explicar por que diante de uma ideia clara e distinta o sujeito racional se tornaria incapaz de considerar uma razão efetivamente existente (ainda que fraca e metafísica) para duvidar de sua verdade e essa explicação para ser satisfatória não pode simplesmente apontar para uma reação psicológica. Isto é, teria que explicar porque diante de uma ideia clara e distinta o sujeito está plenamente persuadido se, segundo essa interpretação, há uma razão para duvidar da verdade dessa ideia, a hipótese de um Deus enganador.

Tendo em vista essas dificuldades, a seguir passo a um breve exame do que seria o círculo cartesiano nesse contexto e o modo como usualmente ele é rejeitado. Esse exame terá como objetivo corroborar a hipótese aqui sugerida de que não há círculo porque as ideias claras e distintas não são postas em questão. Toda ideia clara e distinta é imune à dúvida porque não é possível duvidar do uso da razão que produz essas ideias sem já estar adotando e considerando como legítimo esse uso da razão, o que significa que Descartes assume que o indubitável é o índice da verdade para o caso dos seres finitos racionais.

A circularidade (ou não) da prova da existência de Deus

É sabido que o que se considera como a primeira prova cartesiana da existência de Deus baseia-se em premissas conhecidas pela luz natural, ou seja, pelo uso da razão que concebe clara e distintamente ideias e elos argumentativos. Descartes parece, então, sustentar que admite como verdadeiros as premissas e os elos da prova da existência de Deus porque são claros e distintos. A existência de Deus, por sua vez, segundo a interpretação usual seria o que garantiria a verdade dessas premissas e elos e de todas as ideias claras e distintas na medida em que, mais tarde, ao provar sua veracidade, eliminaria a possibilidade de um Deus enganador. Aparentemente, portanto, seu argumento para fundamentar a possibilidade de conhecimento garantindo a verdade das ideias claras e distintas, seria circular. Várias estratégias têm sido usadas para interpretar o argumento de Descartes de modo a evitar essa possível circularidade[48].

A leitura usual acima caracterizada e rejeitada se alinha com a afirmação de que não há circularidade no argumento cartesiano. O que seria a dúvida baseada na hipótese do Deus enganador não poria em questão as ideias claras e distintas no momento em que estas são concebidas, mas sim a regra geral de verdade segundo a qual toda ideia clara e distinta é verdadeira. No momento em que se concebe uma ideia clara e distinta é impossível colocá-la em questão; a evidência na atualidade teria uma força persuasiva que não permite pô-la em questão, mas essa ideia não constituiria conhecimento na medida em que retrospectivamente poderia ser posta em questão se a mente voltasse sua atenção não à ideia clara e distinta em particular, mas sim à regra geral de verdade. Se é assim, o fato de a prova da existência de Deus garantir a verdade das ideias claras e distintas a partir da ideia clara e distinta de Deus e dos elos

[48] Veja-se, por exemplo, Alan Gewirtz (1941), Willis Doney (1955), Lynn Rose (1965), Anthony Kenny (1970), Alan Gewirth, (1970), Jean-Marie Beyssade (1997), Dugald Murdoch (1999) e Lex Newman e Alan Nelson (1999).

entre as ideias do argumento não seria circular porque, no momento em que as ideias claras e distintas de Deus e desses elos são concebidos, sua verdade não é posta em questão. Diante de uma ideia clara e distinta, o sujeito racional é persuadido de sua verdade em virtude de sua evidência racional, mas é necessária ainda uma garantia que permita a passagem dessa persuasão para o conhecimento.

Como vimos acima, essa interpretação envolve dois tipos de embaraço: um remete aos textos onde a necessidade da prova da existência de Deus é anunciada, já que os termos utilizados por Descartes não apontam definitivamente para essa distinção entre persuasão e conhecimento; outro é ausência de explicação filosófica do porquê da mente atenta a certas ideias (claras e distintas) as considerar como racionalmente evidentes e, portanto, verdadeiras mesmo havendo uma dúvida metafísica acerca de sua verdade. Agora, mais uma vez recorrendo ao texto original das *Meditações*, o objetivo é mostrar que os textos onde a hipótese do Deus enganador e a necessidade da prova de existência de Deus veraz são introduzidas claramente sugerem uma leitura alternativa, aqui sugerida, segundo a qual as ideias claras e distintas não são postas em questão em nenhuma circunstância e a função da hipótese do Deus enganador é a de permitir o contraste entre o uso legítimo e o ilegítimo da razão (relacionado à dependência ou não com relação aos dados dos sentidos). Como consequência, será argumentado que não há círculo referente à prova da existência de Deus porque esta garante a legitimidade das ideias claras e distintas, não porque elimina a dúvida do Deus enganador que supostamente põe em questão as ideias claras e distintas, e sim porque exibe um modo indubitável de exercício da razão quando esta concebe clara e distintamente, isto é, independentemente de recurso aos sentidos.

Quanto ao primeiro ponto, isto é, à afirmação de que a hipótese do Deus enganador não poria em questão as ideias claras e distintas enquanto concebidas, mas sim a regra geral da verdade segundo a qual toda ideia clara e distinta é verdadeira, o texto das *Meditações* parece indicar o oposto. Na *Primeira Meditação*, quando introduz a hipótese de Deus enganar, Descartes não menciona uma regra geral, mas sim casos particulares atuais:

> Mas, de onde sei que ele [Deus] não tenha feito que não haja de todo terra alguma, céu algum, coisa extensa alguma, figura alguma,

> grandeza alguma, lugar algum e que, no entanto, todas elas não me pareçam existir diferentemente de como me aparecem *agora*?[49] Mais [...] não estaria eu mesmo de igual maneira errando, *cada vez que adiciono* dois a três, *ou conto* os lados do quadrado [...] [AT VII: 21. Ênfase acrescentada].

Com base nesse trecho, é possível perceber que a hipótese do Deus enganador diz respeito à percepção enquanto percebida (o céu, a terra, como os percebo *agora*) e às operações matemáticas no momento em que as realizo (*a cada vez em que faço as operações*). O texto sugere, portanto, que fazer distinção entre persuasão e conhecimento baseado na distinção entre a atualidade da percepção e a generalidade da regra da verdade é um equívoco. A julgar por essa passagem onde é introduzida, a hipótese do Deus enganador se aplica a ideias enquanto atualmente percebidas. Assim, se a hipótese do Deus enganador incidisse sobre as ideias claras e distintas, minaria o suposto poder persuasivo dessas ideias no momento mesmo em que estas estão sendo pensadas. É portanto problemático insistir que as ideias claras e distintas têm um valor persuasivo no momento em que estão sendo pensadas e que isso basta para nesse momento estarem imunes ao Deus enganador. É problemático, portanto, insistir que a prova da existência de Deus não é circular com base na tese de que o ponto de partida seria uma ideia clara e distinta que no momento em que está sendo percebida está imune à dúvida, pois o que estaria em questão é a regra e não a ideia em particular atualmente percebida. A julgar pelo texto de apresentação da hipótese do Deus enganador, é no momento em que concebo as ideias que posso estar iludido acerca de sua verdade. E se a dúvida se aplica às ideias claras e distintas, como quer a leitura tradicional, então a dúvida sugeriria que posso estar enganado no momento em que percebo clara e distintamente uma ideia.

---

[49] Na versão francesa e por conseguinte na tradução de Bento Prado Junior lê-se: "Or qui me peut avoir assure que ce Dieu n'ait point fait qu'il ait aucune terre, aucun ciel, aucun corps étendu, aucune figure, aucune grandeur, aucun lieu, et que néanmoins [...] tout cela ne me semble point existir autrement que je le vois?" No original em latim: "Unde autem scio illum non fecisse ut nulla plane sit terra, nullum coelum, nulla res extensa, nulla figura, nulla magnitude, nullus locus, et tamen hace omnia non aliter quam nunc mihi videantur exister?". Na versão original o termo nunc, que não é traduzido na versão francesa, é o que torna mais claro que o que está em jogo são percepções atuais.

Ao contrário, o que essa passagem onde a hipótese do Deus enganador é introduzida parece indicar é que essa radicalização das etapas anteriores da dúvida não significa, como vimos acima, a introdução de uma razão para duvidar de um novo tipo de ideia (aquelas que seriam produtos apenas da razão pura, as ideias claras e distintas) e menos ainda de uma razão para duvidar de uma regra que diz respeito a ideias claras e distintas (e não a essas próprias ideias no momento em que são pensadas e tomadas como verdadeiras). A hipótese do Deus enganador é uma radicalização das etapas anteriores na medida em que aplica a dúvida a quaisquer que sejam minhas percepções atuais que têm direta ou indiretamente os sentidos como base (algum céu, alguma terra, etc.) e põe em questão ideias da matemática que embora resultantes de operações puramente mentais, como qualquer ideia até esse momento mencionada nas *Meditações*, depende de dados dos sentidos.

Assim, sugiro que no texto das *Meditações* Descartes não põe em questão as ideias claras e distintas, nem mesmo na *Terceira Meditação*, quando já dispõe de ao menos duas ideias claras e distintas (a da minha existência e a da minha natureza imaterial) e quando já tem introduzido outras ideias claras e distintas, como vimos acima, aquelas cuja negação é contraditória. Como visto no início dessa seção, através da hipótese do Deus enganador Descartes chama atenção para o fato de que o que está em questão é o suposto conhecimento adquirido dependentemente dos sentidos, mesmo aqueles advindos de ideias puramente intelectuais se a razão mesmo aí opera inadequadamente (dependentemente dos sentidos). Independentemente da atualidade da percepção, essas ideias podem ser falsas na medida em que resultam de um exercício (ilegítimo) da razão que recorre a dados sensíveis.

Apesar de o texto das *Meditações*, como vimos, parecer favorável à leitura aqui proposta, alguns textos da correspondência de Descartes e de suas *Respostas às Objeções* podem sugerir a interpretação usual de que Descartes, através da hipótese do Deus enganador, põe em questão a verdade das ideias claras e distintas, não enquanto atualmente percebidas, e sim a regra que as caracteriza como verdadeiras. Uma dessas passagens, frequentemente mencionada, encontra-se nas respostas às *Segundas Objeções* onde Descartes afirma:

> Há outras verdades que são percebidas muito claramente por nosso intelecto enquanto nossa atenção está dirigida para os argumentos

> dos quais elas dependem; e somos então incapazes de duvidar dessas verdades durante esse tempo. Mas podemos esquecer os argumentos em questão e mais tarde nos lembrar apenas das conclusões que foram deduzidas deles. A questão agora que surge é se temos a mesma convicção firme e imutável acerca dessas conclusões, quando apenas nos lembramos que foram previamente deduzidas de princípios evidentes (nossa capacidade de chamá-las de 'conclusões' pressupõe que sejam lembradas assim). Minha resposta é que aqueles cujo conhecimento de Deus os torna capazes de compreender que a faculdade intelectual da qual ele os dotou só pode tender para a verdade possuem na verdade essa *certeza.* [ATVII: 146. Ênfase acrescentada]

Outra passagem nessa linha encontra-se nas respostas às *Quartas Objeções,* quando mencionando a passagem acima de suas respostas às *Segundas Objeções,* Descartes afirma:

> Quanto ao fato de não ser culpado de circularidade quando eu disse que a única razão que temos para ter *certeza* de que o que percebemos clara e distintamente é verdade é o fato de que Deus existe, mas que temos *certeza* de que Deus existe só porque percebemos isso claramente: Já dei uma explicação adequada a esse ponto em minha resposta às *Segundas Objeções* [...] quando fiz uma distinção entre o que de fato percebemos claramente e o que lembramos ter percebido claramente em uma ocasião anterior. [AT VII: 245-246. Ênfase acrescentada]

Outra ainda se encontra nas respostas de Descartes às *Segundas Objeções,* ao afirmar:

> [S]ustento apenas que [um ateu] não conhece isso por uma ciência verdadeira e certa, porque todo conhecimento que se pode tornar duvidoso não deve ser denominado ciência, e uma vez que se supõe tratar-se de um ateu, não pode ele ter certeza de não ser enganado nas coisas que lhe parecem muito evidentes [AT VII: 141]

Essas parecem ser as passagens que com maior frequência são consideradas como indícios decisivos de que a dúvida baseada na hipótese do Deus enganador incide sobre as ideias claras e distintas, embora não sobre as ideias no momento em que são percebidas, de cuja verdade estou inteiramente persuadido enquanto as percebo. Assim Descartes: 1) parece relacionar a hipótese do Deus enganador à regra da verdade e não às ideias claras e distintas enquanto percebidas (já que, como vimos, não se trata de pôr em questão a memória das percepções); e 2) Descartes parece afirmar que a prova do Deus veraz garante o conhecimento porque garante a eliminação da hipótese do Deus enganador cujo alvo seria a regra da verdade segundo a qual toda ideia clara e distinta é verdadeira. A existência de um Deus veraz parece suficiente para garantir a legitimidade da faculdade que produz essas ideias e assim garantir a verdade da regra geral da verdade. Note-se, entretanto, que também com relação a essas passagens, essa não é a única leitura possível.

É possível que na primeira dessas passagens, Descartes esteja afirmando que a certeza acerca da legitimidade da faculdade que produz ideias claras e distintas é adquirida pelos que conhecem que Deus existe, não porque, ao provar a existência de Deus, a hipótese do Deus enganador é eliminada (como afirma a leitura usual) mas sim, como sugerido acima, porque a estrutura da prova da existência de Deus é um exemplo de como a operação da razão que independe dos sentidos não pode ser colocada em questão. Com a prova da existência de Deus, aquilo que no argumento do *Cogito* aparece pela primeira vez como uma certeza inabalável torna-se reconhecidamente um padrão de conhecimento da verdade, porque essa prova exibe mais uma vez uma operação da razão que independe dos sentidos e que é indubitável. Note-se que na passagem acima Descartes não diz que após a prova da existência de um Deus *veraz* é possível legitimar as ideias claras e distintas, e sim que após a prova da existência de Deus isso ocorre. Isso sugere – ou ao menos permite que se depreenda – que o que legitima as ideias claras e distintas não é necessariamente a veracidade de Deus na medida em que esta eliminaria a razão que as põe em questão (um possível Deus enganador), mas sim o exercício da razão que ao provar a existência de Deus sem recorrer a dados sensíveis se mostra legítimo por não poder ser posto em questão pelo ser racional finito. Pode ser que aqui Descartes esteja mostrando não que a legitimidade das ideias claras e distintas se apoia na veracidade divina, mas sim que o modo como a existência de Deus é provada (através de ideias claras e distintas) exibe o uso legítimo, porque indubitável, da razão.

Nessa mesma linha, é possível que na segunda passagem acima citada Descartes esteja apenas confirmando que sua prova da existência de Deus não é circular porque depende da distinção entre o que é de fato claro e distinto (aquilo que não é dubitável) e o que apenas parece ter sido percebido clara e distintamente em alguma ocasião. Isso porque na prova da existência de Deus teria ficado clara a indubitabilidade de toda a argumentação ali apesentada. Ao dar mais um exemplo (além do primeiro exemplo que seria o argumento do *Cogito*) de uma operação da razão que é indubitável e mostrar que essa operação independe dos sentidos, Descartes poderia estar pretendendo ter agora meios para comparar o uso da razão que produz ideias efetivamente claras e distintas, ideias que são indubitáveis, de usos da razão que produzem ideias que podem apenas parecer verdadeiras, mas que, por dependerem dos sentidos, são questionáveis. As ideias claras e distintas seriam enfim legitimadas não porque a existência de Deus elimina a possibilidade de um Deus enganador, mas sim porque a prova tornaria possível distinguir o modo indubitável da razão operar: operar sem ter os sentidos como ponto de partida. Vale dizer que, no contexto da leitura aqui sustentada, dizer que uma certa operação da faculdade da razão, a saber, a que produz ideias claras e distintas, é legitimada significa apenas, como vimos, que esse uso da faculdade da razão é indubitável e, por isso mesmo, é apenas o melhor candidato à obtenção de conhecimento (metafísico e matemático) pelo sujeito racional e não o que garante o conhecimento absoluto ou o conhecimento de como as coisas são do ponto de vista de Deus.

E quanto à terceira passagem citada, parece claro que pode se harmonizar com a interpretação aqui sugerida de modo semelhante ao que foi dito em relação à primeira. Segundo a interpretação aqui sugerida, admite-se que a prova da existência de Deus legitima as ideias claras e distintas na medida em que exibe outro exemplo de ideias indubitáveis que, ao lado do *Cogito* que inicialmente parecia apenas ser uma exceção à dúvida, mostra que a indubitabilidade das ideias é marca da verdade destas. As ideias claras e distintas vão sendo legitimadas ao longo das *Meditações* na medida em que o exercício desse uso da razão que independe dos sentidos (através das diferentes provas da existência de Deus e da realidade das naturezas verdadeiras e imutáveis) exibe um uso padrão indubitável e não apenas uma exceção e, por isso mesmo, um uso da razão que para os seres racionais finitos é o instrumento para conhecer a verdade.

Assim, segundo a leitura da dúvida aqui proposta, Descartes tem nas passagens dedicadas à hipótese do Deus enganador e à prova da existência de Deus a seguinte estratégia: a) na *Primeira Meditação*, tendo em vista que é ela toda dedicada a pôr em questão todo o conhecimento até então adquirido e que esse é obtido ou dos sentidos ou pelos sentidos, a hipótese do Deus enganador se aplica à Física cujo objeto são os universais obtidos pela abstração do particular e à Matemática cujos objetos são as formas obtidas por abstração da matéria sensível; b) na *Terceira Meditação* Descartes se pergunta se é possível estender a hipótese do Deus enganador duvidando da verdade das ideias claras e distintas. Essa questão é possível agora (mas não na *Primeira*) porque o argumento do *Cogito* na *Segunda Meditação* introduziu ideias claras e distintas e assim um novo sujeito nas *Meditações*: o sujeito cartesiano para quem é possível conhecer sem recurso aos sentidos, isto é, conhecer através de ideias claras e distintas. Essa tentativa de estender a hipótese do Deus enganador é então rejeitada com base na indubitabilidade dessas ideias pelo ser racional. E dentre o que é afirmado como indubitável aparece, agora sim, a matemática constituída por ideias claras e distintas (ao lado das noções primitivas, dos princípios e das ideias não contraditórias); c) a estrutura da prova da existência de Deus consiste em mais um exemplo (ao lado do argumento do *Cogito*) do funcionamento legítimo da razão, isto é, aquele que opera independentemente dos sentidos, que seria assim legitimado e contrastado com o funcionamento corrompido, dependente dos sentidos e por isso dubitável, envolvido no modelo aristotélico e posto em questão na *Primeira Meditação*; d) com a prova da existência de Deus, além de exibir mais uma vez a operação da razão que resulta em ideias independentes dos sentidos e, por isso, indubitáveis, Descartes garantirá, mais tarde, a legitimidade de outros conhecimentos, a saber, os que são obtidos através de ideias dos sentidos conjugadas a ensinamentos da natureza ou a uma inclinação natural incorrigível. (Este último ponto não foi aqui desenvolvido na medida em que o que me interessa nesse contexto é mostrar que é plausível sustentar que o projeto cartesiano não visa fundamentar o conhecimento do ponto de vista da verdade absoluta, para o que os três primeiros pontos são suficientes).

Descartes, portanto, segundo a leitura aqui sugerida, não teria introduzido o que seria a prova da existência de Deus para, mais tarde, ao provar sua veracidade, mostrar que as ideias claras e distintas são verdadeiras e por isso instrumentos para o conhecimento absoluto, mas em vez disso, a teria introduzido para mostrar que a hipótese do Deus enganador aplicada a essas ideias claras e distintas não se sustentaria racionalmente, dada sua indubitabilidade. Sendo assim, seu objetivo seria mostrar, com o argumento em favor da existência de Deus baseado em ideias claras e distintas, que estender a dúvida do Deus enganador a ideias claras e distintas não é uma possibilidade para o ser racional. Se o argumento do *Cogito* mostra que o princípio geral da razão não foi posto em questão em uma ocasião particular, já que nesta certo uso da razão escapa às razões de duvidar, a prova da existência de Deus vem confirmar que esse uso escapa às razões de duvidar e que, portanto, o intelecto humano é capaz de perceber a verdade através desse uso da razão. O intelecto humano é capaz de distinguir o uso ilegítimo da razão (aquele que é dependente dos sentidos e, por essa razão, dubitável), do uso legítimo da razão (que não depende dos sentidos, indubitável). Se é assim, a hipótese do Deus enganador e o que seria a prova da existência de Deus podem ser compreendidas como instrumentos que respectivamente visam familiarizar o interlocutor com a operação ilegítima do intelecto, a saber, a operação que depende dos sentidos, e distingui-la da operação legítima, a saber, a de conceber independentemente do processo abstrativo, ideias claras e distintas. O objetivo de Descartes nas *Meditações* seria o de levar o interlocutor a ter percepções claras e distintas e independentes dos sentidos e, assim, distinguir o uso corrompido e dubitável da razão (que depende dos sentidos) de seu uso legítimo, indubitável. A validação da razão não dependeria, portanto, da eliminação da hipótese do Deus enganador pela prova da existência de um Deus veraz, mas consistiria na exibição do exercício da razão que, por não ser racionalmente dubitável, é, para os seres racionais, o melhor candidato a fonte de certo tipo de conhecimento (matemático e metafísico). No lugar de validar as ideias da razão, que são legítimas por serem indubitáveis, nas *Meditações* de Descartes a existência de um Deus veraz irá validar as sensações e certas inclinações naturais.

Considerações Finais (Seção III)

Como vimos, a compreensão do teor do projeto cartesiano nas Meditações depende fundamentalmente da compreensão do que Descartes pretende na Primeira Meditação com a dúvida e, sobretudo, com aquela etapa que recorre à hipótese do Deus enganador, e no que seria a solução desta nas Meditações Terceira e Quarta com a prova da existência do Deus veraz. Se a leitura acima sugerida for correta, então é igualmente correto afirmar que o objetivo de Descartes nas Meditações é bem mais modesto do que o de provar que a razão é o instrumento garantidamente legítimo para o ser racional ter um conhecimento da verdade absoluta, isto é a verdade do ponto de vista de Deus. Ao apresentar argumentos em favor da existência de Deus e de sua veracidade, Descartes não pretenderia provar que por ideias claras e distintas o ser racional finito atinge a verdade absoluta, mas sim estabelecer que do ponto de vista humano, isto é, do ponto de vista do ser racional finito, as concepções claras e distintas são as que gozam do máximo de convicção possível. Com o argumento em favor da existência e da veracidade divinas, Descartes teria pretendido que o filósofo aristotélico percebesse que, segundo os princípios racionais do ser racional finito, duas alternativas se abrem: ou a razão não pode conhecer porque todo conhecimento é dependente dos sentidos e, nesse sentido, é dubitável, o que implica que inclusive toda operação puramente racional, já que dependente da operação abstrativa a partir dos sentidos, não é legítima; ou que a razão pode conhecer (embora não absolutamente), mas que seu uso não corrompido, através do qual são demonstradas as teses metafísicas e matemáticas, não envolve o processo abstrativo, mas apenas a produção de juízos a partir de ideias e elos dedutivos claros e distintos, isto é, racionalmente evidentes, indubitáveis.

No que concerne ao conhecimento, o objetivo de Descartes nas Meditações seria, portanto, fundamentalmente o de substituir o modelo epistêmico escolástico aristotélico segundo o qual todo conhecimento é dependente de dados sensíveis, por um modelo epistêmico que admite que alguns conhecimentos (pelo menos o conhecimento metafísico e o matemático) são inteiramente independentes dos sentidos, mostrando esse ser o modelo que melhor se justifica do ponto de vista de seres racionais. O objetivo não seria o de responder ao cético mostrando que é possível o conhecimento e, na esteira dessa resposta, garantir que o conhecimento humano da verdade é o conhecimento da verdade absoluta, mas sim o de rejeitar o modelo escolástico mostrando que em certas esferas o conhecimento é puramente racional, isto é, independente dos sentidos. Na esteira dessa empreitada fica implícito que, para certas esferas do conhecimento, a razão é aquilo que do ponto de vista do ser racional finito tem melhores credenciais para cumprir a função de obter conhecimento, na medida em que seus princípios são indubitáveis. Seu projeto geral, portanto, não envolveria fundamentar o conhecimento da verdade absoluta, isto é, da verdade do ponto de vista de Deus, mas sim apresentar o melhor candidato para certo conhecimento (metafísico e matemático) do ser racional finito, dadas suas limitações. As palavras de Descartes em sua resposta às *Segundas Objeções* parecem ir exatamente nessa direção:

> Pois o que nos importa, se talvez alguém fingir que mesmo aquilo de cuja verdade nos sentimos tão fortemente persuadidos parece falso aos olhos de Deus ou dos anjos, e que, portanto, em termos absolutos é falso? Por que devemos ficar inquietos com essa falsidade absoluta, se não cremos nela de modo algum e se dela não temos a menor suspeita? Pois pressupomos uma crença ou uma persuasão tão firme que não possa ser suprimida; a qual, por conseguinte, é em tudo o mesmo que uma perfeitíssima certeza [...] [AT VII: 145].

Se é razoável sustentar, como sustentamos, que o objetivo geral de Descartes nas *Meditações* não é garantir a possibilidade do conhecimento absoluto, então a leitura sugerida de que a tese cartesiana da livre criação envolve admitir que Deus pode ter criado um mundo que necessariamente resiste ao conhecimento humano não é de todo implausível. É possível compatibilizar a doutrina da livre criação das verdades eternas, segundo a qual há uma desconexão entre a criação/conhecimento de Deus (absoluto) de todas as coisas e nosso conhecimento finito (ou ausência de conhecimento) e o projeto cartesiano segundo o qual a prova da existência de Deus garantiria a legitimidade das ideias claras e distintas já que através destas não está garantido o conhecimento absoluto. As ideias claras e distintas, do ponto de vista do ser racional finito, são para este ser racional finito evidentes, indubitáveis e, nesse sentido, são o máximo que este ser racional finito pode esperar como produto de suas operações cognitivas, mas não exprimem, ao menos não necessariamente, verdades absolutas, isto é, do ponto de vista de Deus.

Conclusão

A perfeição do Deus cartesiano, como vimos, envolve que seu poder seja ilimitado sob qualquer aspecto, o que exclui que seja limitado pelos princípios lógicos. Deus não só é criador das coisas existentes, mas criador também das essências e dos princípios lógicos e morais. Essa concepção cartesiana de Deus se opõe à dos filósofos da tradição escolástica que, não obstante suas diferenças entre si, concordam que Deus sempre age de acordo com os princípios racionais, entendendo por princípios racionais os mesmos princípios que estruturam o intelecto humano. Tomás de Aquino, por exemplo, na seguinte passagem, afirma que Deus só pode agir nos limites do que é logicamente não contraditório:

> [V]isto que os princípios de certas ciências – da lógica, geometria, e aritmética, por exemplo – são derivados exclusivamente dos princípios formais das coisas das quais dependem suas essências, então Deus não pode fazer o contrário desses princípios. Ele não pode fazer com que o gênero não seja predicável da espécie, nem com que as linhas de um círculo que vão do seu centro para sua circunferência não sejam iguais, nem com que os três ângulos de um triângulo retilíneo não seja igual a dois ângulos retos" [*Summa Contra Gentiles,* II, 25][50].

O Deus de Tomás de Aquino, além disso, age para um propósito, o que segundo ele em *Summa Contra Gentilles* II, 23; III, 64, implica que ele age por seu intelecto e vontade. O intelecto determina a vontade ao propor seus objetos, isso é, seu propósito. Deus é a causa das coisas "não ao modo de uma causa eficiente e motora, mas ao modo de uma causa final" (*Summa Contra Gentiles,* II, 23). Entretanto, Deus é um agente voluntário e não um agente por necessidade natural e sim por necessidade de suposição. Dada a perfeição de Deus, sua vontade tende naturalmente ao ser, e: a) ser é ser bom e b) ser bom é ser

---

[50] Veja-se também *Summa Theologica,* Ia, Q.25 Art.3; *Summa Contra Gentiles,* II, 22; 23; I, 84.

não contraditório, já que ser bom é o mesmo que ser e o que é contraditório não pode ser. A vontade de Deus tende, portanto, ao não contraditório. Assim, Deus quer e cria por necessidade de suposição, isto é, supondo que o fim último é o que é bom, o ser, o não contraditório, o critério de escolha de Deus está circunscrito àquilo que seu intelecto apresenta como bom (ser), não contraditório. Deus sempre age, portanto, segundo os princípios racionais que são os mesmos princípios que estruturam a mente finita.

O Deus cartesiano, ao contrário, como vimos, é o soberano absoluto de tal modo que, além de criar o mundo atual, cria/determina todas as leis, verdades e essências. Como diz em sua resposta às *Sextas Objeções*,

> Se alguém atentar para a grandeza imensurável de Deus perceberá que é manifestamente claro que não pode haver coisa alguma que não dependa dele. Isso se aplica não apenas a tudo que subsiste, *mas a toda ordem, toda lei e toda razão para que algo seja verdadeiro ou bom.* Se não fosse assim, como dito antes, Deus não seria completamente indiferente com relação à criação do que de fato criou. [...] [A] razão de sua bondade depende do fato de que ele [Deus] exerceu sua vontade de modo a fazer assim. [...] Assim, não devemos supor que as verdades eternas dependem 'do intelecto humano ou em alguma outra coisa existente'; elas dependem apenas de Deus que, por ser o supremo legislador, decretou-as desde a eternidade [AT VII:436. Ênfase acrescentada].

Além disso, o porquê de Deus criar e instanciar essas verdades, leis, ordens, essências e tudo o que existe atualmente, não necessariamente pode ser compreendido pela mente finita. Como diz em carta a Mersenne de 1630:

> [A] grandeza de Deus [...] é algo que não podemos compreender embora a conheçamos [...]; assim como um rei tem mais majestade quando é conhecido com menos familiaridade por seus súditos, desde que, claro, eles não pensem não haver rei [AT I: 145].

Descartes parece, portanto, considerar que o ser finito não pode conhecer a infinitude da natureza de Deus, criador das leis, essências, princípios e coisas atuais. Mais ainda, Descartes parece considerar que, quanto menos se compreende Deus, mais se considera sua imensa grandeza: mais se considera a grandeza de um Deus cuja criação de essências e de coisas subsistentes depende apenas de seu intelecto infinito que pensa tudo e que, por ser simples e uno, ao pensar tudo cria tudo. Deus não tem que tornar inteligíveis suas razões (se as houver) para criar algo. A bondade e verdade da criação não se seguem do fato de ser "racional" (segundo os princípios lógicos da mente finita), mas sim do fato de que Deus cria tudo e cria tudo como é. A liberdade divina, portanto, é tal que sua vontade não é determinada por limite ou fim algum.

O Deus cartesiano em sua suprema indiferença e onipotência estabelece/cria como sua essência tudo o que pensa, sem qualquer necessidade de inteligibilidade. Ainda sem qualquer necessidade de inteligibilidade, Deus, no mesmo ato criativo, instancia algumas essências no mundo atual e algumas na mente finita como ideias claras e distintas. Deus é autocausado na medida em que causa a si próprio com todas as essências e é criador de todas as coisas subsistentes (pensamentos e objetos), na medida em que instancia algumas nesses diferentes modos de existência (mente e mundo externo à mente).

Assim, dado que Deus cria sem necessidade de inteligibilidade, dadas sua indiferença e sua arbitrariedade, é possível que Deus tenha instanciado essências no mundo físico sem instanciá-las na mente finita, na medida em que essa mente só concebe clara e distintamente o que a ela aparece como não contraditório. Pode, portanto, ter criado no mundo externo coisas que são inconcebíveis e, por isso mesmo, entendidas pela mente finita como não possíveis de existir. Por essa razão, embora as ideias claras e distintas sejam verdadeiras, isso não significa que consistam em toda a verdade e tampouco que exibam a verdade absoluta. As ideias claras e distintas são verdadeiras e constituem o máximo de conhecimento que o ser racional pode desejar ter, visto que seu dispositivo intelectual só permite esse tipo de conhecimento. Isto é, todas as propriedades que concebemos clara e distintamente em uma coisa devem ser consistentes com as ideias que temos dessa coisa. Apesar disso, pode ser que as coisas tenham muitas propriedades que não podemos conceber. Deus é capaz de criar coisas que nos aparecem como contraditórias, mas o que nós, seres finitos racionais, podemos afirmar como verdadeiro ou como falso deve ser consistente com a regra básica que estrutura nosso intelecto: a regra da não contradição. Para os seres racionais finitos, só é verdadeiro ou falso aquilo que tem sentido e só tem sentido aquilo que é percebido como não contraditório. Visto que os seres racionais finitos só conhecem através de ideias e visto que estas, em virtude da estrutura da faculdade que as produz, excluem as contradições, para esses seres o conhecimento da verdade sobre o mundo depende da não contraditoriedade das ideias através das quais o mundo é pensado, o que, como vimos, torna impossível que esses seres racionais finitos conheçam a verdade do ponto de vista de Deus.

Meu objetivo neste livro foi examinar a doutrina cartesiana da livre criação das verdades eternas mostrando que através dela Descartes admite que Deus cria essências que nos aparecem como contraditórias e instancia no mundo ao menos algumas, mas talvez todas, como fica claro pelo par de contraditórios ao qual, de algum modo, temos acesso: seres livres em um mundo preordenado e seres compostos de uma união íntima entre duas substâncias mutuamente excludentes. Na esteira desse exame sustentei que a tese cartesiana da autocausação de Deus é essencialmente relacionada a essa doutrina, na medida em que é o que garante sua inteligibilidade ao explicar em que sentido Deus estabelece/cria como sua própria essência tudo, isto é, tudo o que esse ser infinito é/pensa. Além disso, em vista da discrepância entre a criação divina e a mente finita do ser racional finito consequente à doutrina cartesiana da livre criação, sugeri que é possível harmonizar a tese de que em certo sentido muito específico Deus é enganador (na medida em que é possível que as essências que cria e suas instâncias não sejam percebidas pelo intelecto racional finito tais como são) com o projeto das *Meditações* de Descartes se interpretamos esse projeto como sendo não o de fundamentar o conhecimento da verdade absoluta. Mostrei que é possível interpretar o projeto cartesiano nas *Meditações* como sendo o de propor uma alternativa ao modelo epistêmico tradicional mostrando que para obter conhecimento em certas áreas (metafísica e matemática), o uso da razão que opera independentemente dos sentidos é o melhor candidato na medida em que é indubitável, o que implica que o interlocutor de Descartes não é o cético, mas sim o escolástico aristotélico. Como consequência da leitura apresentada da doutrina cartesiana das verdades eternas, concluí que, embora o Deus cartesiano não tenha dotado o ser racional finito com meios para conhecer a verdade absoluta, dotou-o com meios para sua autopreservação. O fato mesmo de suas faculdades serem como são e, nessa medida, envolverem erros e limitações é o que permite que esse ser preserve em si a propriedade da existência: pelos sentidos preserva e desenvolve seu corpo, pelo intelecto preserva e desenvolve sua alma.

Essa leitura aqui sugerida aponta para pelo menos dois aspectos do projeto cartesiano ainda a serem examinados. Dada a desconexão entre o conhecimento/criação de Deus do mundo atual e das essências por um lado e o poder humano finito de conhecer por outro (e, portanto, dada nossa falta de conhecimento da verdade absoluta), segue-se que: a) o projeto de Descartes parece mais próximo ao de Kant do que se pensa com frequência. Afinal, a existência de um Deus veraz não garantiria que os humanos conhecem o mundo tal como ele é, mas apenas o que de sua estrutura é cognoscível na medida em que é dócil aos princípios do intelecto humano; e b) no projeto geral de Descartes, a existência de um Deus veraz não teria o papel de fundamentar o conhecimento da verdade absoluta, mas sim o de garantir o desenvolvimento e enriquecimento do composto humano, cujo objetivo último seria a autopreservação. Assim, o que manifesta a perfeição divina no sistema cartesiano é que o ser racional finito não conhece a verdade que Deus conhece (cria) porque esse é o melhor meio para preservar sua existência, desenvolvendo e conservando seu corpo e sua alma. Essa conclusão talvez aponte para uma nova sugestão acerca do projeto de Descartes, que deslocaria seu projeto de uma busca pelo conhecimento absoluto da verdade para um projeto que envolve a legitimação do conhecimento na medida em que esse, essencialmente, serve à autopreservação. Mas isso foge ao escopo do presente trabalho.

Referências Bibliográficas

ALANEN, L. (2003), *Descartes's Concept of Mind.* Cambridge, Mass and London: Harvard University Press.

AQUINO, T. (1924) *Summa Contra Gentilles* - Livro 1, cap. XXII. Da trad. para o inglês Padres Dominicanos, London: Burns Oates & Washbourne LTD.

ARISTÓTELES. (1924). *Metaphysics.* ROSS, W. D. (ed.). Oxford: Oxford University Press, 1924.

________ (1998) *Comentário ao Tratado da Trindade de Boécio – Questões 5 e 6.* R. do NASCIMENTO, C. A. (trad.). São Paulo: Editora UNESP (FEU).

BROUGHTON, J. (2003), *Descartes's Method of Doubt,* Princeton and Oxford: Princeton University Press.

BEYSSADE, J-M (1997), *"Sobre o Círculo Cartesiano".* PINHEIRO, U. (trad.). Em: *Revista Analytica,* Vol.2, N.1, 11-36.

CARRIERO, J. (2009), *Between two worlds, a reading of Descartes's Meditations.* Princeton and Oxford: Princeton University Press.

DESCARTES, R. (2004), *Meditações sobre Filosofia Primeira.* CASTILHO, F. (trad.). Campinas: Editora Unicamp.

________ (1990). *Méditations métaphysiques.* BEYSSADE, M. (trad.). Librairie Générale Française.

____________. (1957). *Oeuvres de Descartes.* ADAM, C. & TANNERY, P. (ed.). Paris: Cerf - 1897-1913. Reeditada Paris: Vrin. 12 Vol.

DONEY, W. (1955). "The Cartesian Circle". Em: Journal of the History of Ideas, Vol.16, 1955, 324-338.

COHEN, S.M. (1984). *"Aristotle and Individuation".* Em: *Canadian Journal of Philosophy,* Supplementary Vol. X, 1984, 41-65.

COLLINGWOOD, R. G. (1933). *Essay on Philosophical Method.* (Nova Edição Oxford University Press, 2005).

________ (1940) *An Essay on Metaphysics,* (Edição Revisada, Oxford University Press, 1998).

D'ONOFIO. (2008). *Aquinas As Representationalist: The Ontology Of The Species Intelligibilis.* PH.D thesis, ProQuest Dissertations & Theses (PQDT), Copyright ProQuest, UMI Dissertations Publishing.

FRANKFUTR, H. (1970). *Demons, Dreamers and Madmen.* New York: Bobbs-Merril.

________ (1991). "Descartes on the Creation of the Eternal Truths". Em: René Descartes – Critical Assessments, MOYAL, G. J. D. Vol. III, 1991.

GEWIRTZ, A. (1941). *"The Cartesian Circle".* Em: *The Philosophical Review,* Vol. 50, N. 4, July, 1941, 368-395.

________ (1970) *"The Cartesian Circle Reconsidered".* Em: *The Journal of Philosophy,* Vol. 67, N. 19, Sixty-Seventh Annual Meeting of the American Philosophical Association Eastern Division, Oct. 8, 1970, 668-685.

GLEIZER, M. (2012). "Nota de Apresentação dos Textos de Descartes sobre a Livre Criação das Verdades Eternas". Em: Revista Analytica, Rio de Janeiro, vol 16 nº 1 e 2, 2012, p. 203-206.

GUEROULT, M. (1969). "The History of Philosophy as a Philosophical Problem". Em: The Monist, 53, 563-587

________ (1953). *Descartes selon l'ordre des raisons,* 2 vols. Paris: Aubier.

HOFFMAN, P. (2009). *Essays on Descartes.* Oxford: Oxford University Press.

ISHIGURO, H. (1980). *"The Status of Necessity and Impossibility in Descartes".* Em: RORTHY, A. (ed.), *Essays on Descartes' Meditations.* California: University of California Press, pp. 459-472.

KENNY, A. (1970). *"The Cartesian Circle and the Eternal Truths".* Em: *The Journal of Philosophy,* Vol. 67, N. 19, Sixty-Seventh Annual Meeting of the American Philosophical Association Eastern Division, Oct. 8, pp. 685-700.

KLIMA, G. (2011). "Intentional Transfer in Averrois, Indiference of nature in Avicenna and Representacionalism of Aquinas". Em: KLIMA, G. e HALL, A. (eds.), Universal Representation and the Ontology of Individuation. Proceedings of the Society for Medieval Logics and Metaphysics, Vol. 5. Cambridge: Cambridge Scholars Publishing.

LANDIM, R. (1992). *Evidência e Verdade no Sistema Cartesiano.* Coleção Filosofia. São Paulo: Edições Loyola.

__________. (2008), "A Questão dos Universais segundo a Teoria Tomista da Abstração". Em: Revista Analytica (UFRJ), Vol. 12, p. 11-33.

__________. (2011), *"Tomás de Aquino: Realista Direto?"*. Em: *Revista Analytica* (UFRJ), Vol. 15, 13-38.

LEVY, L. (2010) "A Recusa da Definição de Homem como Animal Racional na Segunda Meditação - Segunda parte". Em: Revista Analytica (UFRJ), Vol. 13, p. 149-160.

Lloyd, A.C. (1970) "Aristotle's Problem of Individuation"in Mind, New Series, Vol. 79 (316), 1970, 519-529.

MACKIE, J. L. (1980). *The Cement of the Universe: A Study of Causation.* Oxford e New York: Oxford University Press.

MARLIES, M. (1978). "Doubt, Reason, and cartesian Therapy. Em: HOOKER, M. (ed.), Descartes – Critical and Interpretive Essays. Jonhs Hopkins University Press.

McCABE, M. M. (1994). *Plato's Individuals.* Princeton:Princeton University Press.

MURDOCH, D. (1999). *"The Cartesian Circle"*. Em: *The Philosophical Review*, Vol. 108, No.2, April, 1999, 221-244.

NIETZSCHE, F. (1886). *Além do Bem e do Mal.* PUGLIESI, M. (trad.). Curitiba: Hemus Livraria, Distribuidora e Editora S.A.: 24 e 30.

NEWMAN, L. e NELSON, A. (1999). *"Circumventing Cartesian Circles"*. Em: *Noûs*, Vol. 33, N. 3, Sept., 1999, 370-404.

NICHOLS, R. (2006). *"Why is History of Philosophy Worth our Study?"*. Em: *Meta*, Vol. 37, N. 1, January.

NOLAN, L. (1997), "The Ontological Status of Cartesian Nature". Em: Pacific Philosophical Quarterly, 78, 169–194.

NORMORE, C. (1991), "Descartes's Possibilities". Em: René Descartes – Critical Assessments. MOYAL, G. J. D. (ed.), Vol. III.

OSLER, M. (2004). *Divine Will and the Mechanical Philosophy.* Cambridge: Cambridge University Press.

PANACCIO, C. (2001). "Aquinas on Intellectual Representation". Em Ancient and Medieval Theories of Intentionality. PERLER, D. (ed.). Leiden, Boston, Köln: Brill.

RAGLAND, C. P. (2005). "Descartes on Divine Providence and Human Freedom". Em Archiv für Geschichte der Philosophie, 87(2), 2005: 159–188.

REGIS, E. (1976), *"Aristotle's Principle of Individuation"*. Em: *Phronesis,* Vol 21 (e), 157-166.

RORTY, J. B. SCHNEEWIND e SKINNER, Q. (eds.). (1984). *Philosophy in History: Essays in the Historiography of Philosophy.* Cambridge: Cambridge University Press.

ROSE, L. (1965). "The Cartesian Circle". Em: Philosophy and Phenomenological Research, Vol. 26, N.1, Sept. 1965, 80-89.

RYLE, G. (1949). *The Concept of Mind.* Londres: Hutchinson House, WI, cap. 1, "Historical Note".

SCALTSAS, T. (2012) "Knowledge as 'true belief plus individuation' in Plato". Em: Topoi, Vol.31 (2), 2012,137-149.

SCHMALTZ, T. M. (2009). "Platonism and Descartes' View of Immutable Essences". Em: Archiv für Geschichte der Philosophie, Volume 73, Issue 2, 129–170.

SCRIVEN, M. (1977). "Increasing Philosophy Enrollments and Appointments Through Better Philosophy Teaching". Em: Proceeding and Addresses of the American Philosophical Association, Vol. 50, 232-244 e 326-328.

SORRELL, T. e ROGERNS, D.A.J. (eds.). (2005). *Analytic Philosophy and History of Philosophy.* Oxford: Oxford University Press.

WILLIAMS, B. (1978). *Descartes.* London: Penguin Books.

WILSON, M. (1978). *Descartes Ego Cogito, Ergo Sum.* HONDERICH, T. (Ed.). London, New York: Routledge & Kegan Paul.

Mire e Veja

Este livro foi impresso nas oficinas gráficas da Kotter Editoria em papel pólen bold de 90g/m2, em tipografia Crimson Text, na primavera de 2016.

Cumprindo seu papel social e ambiental, a Editora doou todas as aparas de papel resultantes desse livro à *Associação de Catadores de Papel Verde Iraí*, CNPJ: 15.055.164/0001-93, presidida por João Batista Teixeira.